Dieter Heri Mader

Energetisch-geistiges Heilen für Lichtarbeiter

*Du kannst gegen Deine Krankheit
kämpfen, und alles versuchen,
um sie zu besiegen.*

*Du kannst aber auch Frieden mit
Deiner Krankheit schließen und versuchen,
ihre Botschaften zu verstehen,
um einen Weg zu finden,
Dich liebevoll von ihr zu verabschieden.*

*Moira, 2013*

Dieter Heri Mader

# *Energetisch-geistiges Heilen für Lichtarbeiter*

Basiswissen

**MERANO-VERLAG**

Bibliografische Information der Deutschen Nationalbibliothek

Die Deutsche Nationalbibliothek verzeichnet diese Publikation in der Deutschen Nationalbibliografie; detaillierte bibliografische Daten sind im Internet über www.dnb.de abrufbar.

© März 2014 – Dieter Heri Mader
1. Auflage

Coverbildgestaltung: Petra Benchert

Herstellung: Books on Demand GmbH, Norderstedt
Printed in Germany

ISBN-13: 978-3-944700-01-4

## Inhalt:

Vorwort .................................................................................... 7

Der Baum des Lebens ............................................................. 9

Was ist energetisch-geistiges Heilen? ................................... 19

Krankheitsursachen................................................................ 23

Woher kommt die Heilenergie? ............................................. 57

Heilung auf verschiedenen Ebenen ...................................... 61

Heilende Hände, heilende Gedanken ................................... 63

Die Aura des Menschen.......................................................... 67

Praktische Übungen mit Pendel oder Einhandruten............ 71

Äquator fühlen und einrichten.............................................. 73

Persönlicher Schutz vor energetischer Einkoppelung
(Krankheitsübertragung) ....................................................... 75

Wunderbare Selbstheilungskräfte......................................... 79

Der Aufbau des physischen Körpers..................................... 85

Die wichtigsten Organe und deren Bedeutung .................... 89

Das Meridiansystem der Hände............................................. 105

Das Meridiansystem der Füße ............................................... 107

Die Chakren.................................................................. 109

Kontakt zu Helfern aus der geistigen Welt......................... 127

Wann dürfen wir heilen und wo sind die Grenzen?............. 131

Vorgehensweise bei der Behandlung.................................. 137

Heiltechniken ................................................................... 151

Das Wunder der Heilung beginnt in Deinem Herzen........... 183

Literaturhinweise .............................................................. 189

# Vorwort

Du ziehst die Vorhänge auf und blickst auf den Wald. Nebel steigt aus den Bäumen auf. Es ist kalt draußen. Der Sommer ist viel zu kühl, und doch wird es wohl wieder ein sonniger Tag werden. Die Wolken ziehen recht schnell am Himmel dahin. Treiben Sie mit dem Wind oder werden sie vom Wind getrieben? Im nächsten Moment sind die Nebelschwaden schon verschunden. Es wird sehr schnell hell draußen und der blaue Himmel findet immer mehr Löcher zwischen den Wolken, die nun hell von der aufgehenden Sonne angestrahlt werden. Ein ganz normaler Tag.

Du blickst Dich um in Deinem Büro und siehst das Lederband mit dem kleinen Stein daran. Du hast den Verkäufer gefragt, was das für ein Stein ist. Er wusste es nicht sofort, hat dann in seinen Schubladen gekramt, eine Liste herausgeholt und Dir gesagt, es sei ein Tigerauge. Du hast Dich bedankt und den Stein mit Freude angenommen und ihn Dir um den Hals gehängt. Ja – Du hast es gewusst, dass es kein Tigerauge ist, sondern ein Achat. Der Stein hat Dir einfach gefallen und er wollte zu Dir. Und auch heute noch freust Du Dich über ihn und bist dankbar, dass Ihr Euch gefunden habt.

Eine Kaffeetasse steht auf Deinem Schreibtisch und es wird Zeit, mit der Arbeit anzufangen. Du fragst Dich, was Du hier eigentlich machst. Es ist ruhig im Zimmer, angenehm ruhig und nur die Tastatur klappert, wenn Du Deine Worte in den Rechner eingibst, um Sie für Deine Leser festzuhalten.

Es soll ein Buch werden über energetisch-geistiges Heilen. Wie kommst Du darauf, so ein Buch schreiben zu können? Und wieso möchtest Du das überhaupt? Du weißt es selbst nicht so genau. Du hast Dich in den letzten Jahren sehr zurückgezogen und versteckst Dich eher, als dass Du Dich zeigst.

Du sprichst nicht viel über das, was Du gelernt und erfahren hast und hilfst geistig-energetisch nur dann, wenn Du darauf angesprochen wirst. Du bist zur Ruhe gekommen, hast viele Eindrücke, Erfahrungen und Erkenntnisse gesammelt. Und doch fragst Du Dich sehr oft, was Du jetzt damit tun sollst.

Die Welt ist Dir zu laut und zu schnell. Du liebst die Menschen und auch die Toten. Die Seelen der Verstorbenen wäre der bessere Ausdruck dafür. Und jetzt sitzt Du da, an Deinem Schreibtisch und suchst nach den passenden Worten, um Dein Buch zu beginnen. Lass es einfach los. Es ist nicht Dein Buch. Es ist ein Buch für Deine Leser. Zieh Dich soweit als möglich daraus zurück und lass die Worte fließen. Lass das Buch entstehen und halte Dich so weit es geht heraus. Und beobachte, was entsteht, wie es sich entfaltet und wie Du daran wächst und lernst. Lass es offen, ob das Buch jemals beendet wird, oder welche Inhalte darin beschrieben werden. Lass es fließen und sei einfach nur dabei, um die Worte, die nun kommen, in die Tastatur einzugeben. Genieße Deinen Tag und lass die Arbeit einfach geschehen. Und freue Dich über die Ruhe im Raum, den Duft des frisch gebackenen Brotes und über Deinen würzigen, kräftigen Kaffee.

Seit dem Tag, als Du Dich der geistigen Welt für die Aufgabe als Heiler zur Verfügung gestellt hast, haben wir Dich aus der geistigen Welt unterstützt und gefördert. Und nun möchten wir Dir helfen, einen Teil des Wissens um die geistigen energetischen Heilmethoden und Arbeitstechniken an Deine Leser weiterzugeben. Vertraue uns und lass die Worte fließen. Deine Leser werden es verstehen, daraus zu lernen, was Sie daraus lernen möchten.

So sei es.

Euer Moira und viele andere geistige Helfer, die hier nicht alle genannt werden und doch für Euch da sind.

# Der Baum des Lebens

Die Existenz des Menschen lässt sich sehr anschaulich in einem Bild erklären, das wir den „Baum des Lebens" nennen möchten.

Ein Baum steckt mit seinen Wurzeln fest und sicher in der Erde. Von dort erhebt sich der Stamm des Baumes, der sich dann in Äste unterteilt, die erst dick sind und dann immer dünner und feiner werden. An den Enden der Zweige finden wir Blätter und Blüten, die später zu Früchten werden, in denen dann neue Samen für künftige Bäume enthalten sind.
Der Baum bezieht seine Nahrung aus der Erde, nimmt diese dort über die feinen Enden der kräftigen Wurzeln kontinuierlich auf – gerade so viel, wie er zum Leben und Wachsen benötigt. Die Wurzeln versorgen so den Stamm und die Äste bis in die Spitzen der Blätter mit Nährstoffen, die zum Leben nötig sind.
Der Baum befindet sich inmitten von Wind, Regen und Sonnenschein, spendet den Vögeln Platz zum Nisten und Brüten und schenkt den Menschen wohlschmeckende Früchte, wie Äpfel, Birnen oder Zwetschgen. Durch die Pracht seiner Blüten schafft er es, die Herzen der Sehenden zu erfreuen.

Allerdings kann auch ein Baum von Krankheiten oder Parasiten befallen werden, die ihn schädigen und bis zum Absterben bringen können. Alles in der Natur ist dem Wachsen und Sterben verbunden. Jede Pflanze und jedes Lebewesen, gleich ob Tier oder Mensch, ist in den Prozess des Lebens und Sterbens eingebunden. Die Natur regeneriert sich in jedem Moment neu und alles Geborene ist bereits wieder am Vergehen. Es ist ein endloser Kreislauf, verbunden mit einem andauernden Anpassen der Existenz an die geänderten und neuen Bedingungen des Lebens.

So erhält sich das Leben selbst und ist stets danach bestrebt, Kraft und Gesundheit zu bewahren oder auch zurück zu erlangen. Jede Pflanze und jedes Tier trägt die Kraft der Selbstheilung in sich. Wird die Rinde eines Baumes verletzt, so schließt der Baum die Wunde mit Harz. Wird der Körper eines Tieres oder Menschen verletzt, so tritt Blut aus, verschließt die Wunde und der Körper beginnt, die beschädigten Bereiche mit neuen Zellen wieder herzustellen.

Auch im Inneren des Organismus sind ständig Zellen und Stoffe unterwegs, um Keime, Bakterien oder Viren einzudämmen und die Gesundheit des Organismus zu schützen, zu fördern oder wieder herzustellen. Das alles geschieht, ohne dass es den Menschen bewusst wird oder vom Verstand aus gesteuert werden müsste.

Das innere Bewusstsein des Körpers und der einzelnen Organe ist ständig bemüht, die optimale und bestmögliche Gesundheit in jedem Moment herzustellen.

Ganz wichtig für den Baum des Lebens ist auch die Frage nach seinem Standort. Bietet die Erde genügend Möglichkeiten der Versorgung, damit der Baum gesund heranwachsen kann? Ist der Baum in eine Gruppe von Bäumen integriert und damit vor Wind und Wetter in der Gemeinschaft besser geschützt? Ist die Erde trocken und steinig oder feucht und schwer?

Elfen und Zwerge und zahlreiche andere geistige Wesen umgeben den Baum, versorgen ihn und unterstützen sein Dasein und Wachsen. Ebenso, wie Menschen von Engeln und geistigen Wesen begleitet und unterstützt werden, ist auch der Baum eingebettet in die geistigen Strukturen der Schöpfung. Alles hat seinen Sinn, seine Aufgaben und Wirkmechanismen. Nichts und niemand ist alleine.

Alles hängt mit allem zusammen und die liebevolle Zuwendung, als Grundprinzip der gesamten Schöpfung, ist auf jeder Ebene des Seins wieder zu finden. Wir dürfen an dieser Stelle durchaus von der Geborgenheit im Sein sprechen. Diese Geborgenheit gibt dem Baum die Sicherheit und Gewissheit, dass alle Existenz und alles Geschehen im Einklang mit dem Willen der Schöpfung und auch im Einklang der Kräfte und Energien des Universums steht.

Irdische und geistige Gesetze bilden den Rahmen jeglicher Existenz in der uns hier bekannten Welt. Der Baum, der die Gesetze und Gegebenheit kennt, akzeptiert und nach ihnen lebt, erreicht ein ungeahnt hohes Alter, da die Natur des Seins ihn in allen Phasen seines Wachsens und Lebens unterstützt. Solche Bäume können ihrem Wesen nach mehrere hunderte Menschenjahre erreichen.

In Dankbarkeit, in Zuwendung an die Schöpfung und weil es in seiner Natur liegt, spendet der Baum jedes Jahr Früchte und Schatten für Mensch und Tier und sogar nach seinem Sterben gibt der Baum über sein Holz Wärme und Nahrung für die anderen Lebewesen ab.

Natur und Leben bedeutet damit auch immer ein gegenseitiges Nähren und Unterstützen. In jedem Sterben liegt auch wieder der Keim für neues Leben. Alles Vergehende und Sterbende wird von irgend einer anderen Lebensform, seien es Pflanzen, Pilze oder Tiere weiter verwendet als Grundbaustein neuen Lebens. Und auch der Mensch hat Anteil an diesem Kreislauf. Im Rahmen der unberührten Natur ist es eine Selbstverständlichkeit, dass die kranken und schwachen Tiere den starken Tieren als Nahrung dienen. Und so trägt alles – auch das Kranke und Schwache – nach besten Kräften dazu bei, das Leben auf der Erde und im Universum zu erhalten.

So, wie der Baum an seinem ganz bestimmten Standort heranwächst und reift, bis er schließlich in der Lage ist, selbst Früchte zu tragen, so durchschreitet auch die Seele eines Menschen einen Lebensweg voller Veränderung und Wachstum.

Gleichsam wie das Wasser über die Wurzeln den Stamm des Baumes hinaufwandert, sich in irgend einen ganz bestimmten Ast begibt, um dann am Ende irgendwo im Baum ein Blatt oder eine Blüte zu versorgen, die dann zur Frucht wird, so begibt auch die Seele des Menschen sich auf die Reise durch die Lebenszeiten.

In jedem Moment darf die Seele mit freiem Willen entscheiden, wohin die Reise geht. Möchte Sie in den südlichen Teil des Baumes, welcher der Sonne näher ist, oder lieber in den Westen, auf die feuchte Regenseite? Möchte sie in ein Blatt wandern oder lieber über die Blüte zur Frucht werden? Jede Seele entscheidet mit jedem Abzweig aufs Neue, wohin die ganz persönliche Reise geht.

Wichtig auf dieser Reise ist der Standort, der mit Bedacht und klug gewählt werden sollte, ein festes Wurzelwerk, um den nötigen Halt im Leben zu haben und die Kraft und Freude, der Sonne entgegenzustreben, um den Weg nach Oben in die Krone des Baumes zu meistern. Dabei spielt es keine Rolle, welche Seele sich an welcher Stelle im Baum befindet. Jede Seele ist an jeder Stelle des Baumes genau richtig, wird genau dort für die Versorgung des Baumes gebraucht und erfüllt an ihrem Ort genau die richtige überlebenswichtige Aufgabe. So ist es auch in jedem Augenblick eines jeden Menschen völlig in Ordnung, an dem Platz und in der jeweiligen Situation zu sein, an der er oder sie gerade ist. Genau durch dieses „Hier Sein" findet das Leben des Baumes und damit der Gemeinschaft aller Seelen im Einklang mit der Natur der Schöpfung statt.

Wenn die Seele des Menschen diesen Platz annimmt und ausfüllt und der Mensch mit diesem Platz im Einklang ist, dann kann Freude in die Existenz gelangen.

Der Körper eines Menschen ist auf der Reise durch die Lebenszeit das physische Abbild des beseelten geistigen Wesens, das den eigentlichen Kern der Existenz darstellt. Tief im Innern eines jeden Wesens findet sich der göttliche Kern, gleich einer zarten kleinen Flamme, die ewig leuchtet und obwohl sie so zart erscheint doch unendlich stark in ihrem Wesen ist. Ein kleiner göttlicher Funke Leben, der einzigartig in seinem Sein ist und unzerstörbar durch die Existenz des Daseins reist. Das Erkennen dieser göttlichen Flamme wird im Allgemeinen mit dem Begriff der Erleuchtung beschrieben. Die Menschen, die ihren eigenen Wesenskern in einem Moment der Stille und Meditation erfahren haben, wissen um ihre Existenz, um die Quelle und Verbundenheit bei gleichzeitiger vollkommener Individualität.

Die Freiheit der Entscheidung, auch als freier Wille bezeichnet, ist das größte Geschenk, die schärfste Waffe eines Menschen und das beste Werkzeug, um sich selbst und andere zurück zu führen zur Quelle, zum Licht, zum Ursprung der liebevollen Zuwendung.

Diese bedingungslose Liebe, die Zuwendung in absoluter Freiheit kommt dem Gedanken des Paradieses auf Erden sehr nahe. Die Menschen, die bereit sind, die eigene Freiheit in liebevoller Zuwendung zu ihren Mitmenschen und zur gesamten Schöpfung zu leben, sind in aller Regel sehr gut auf das Ziel jedes Daseins ausgerichtet: Die Reise zur Quelle, zum Ursprung, zum höchsten Dasein, das eine Seele oder ein Bewusstsein jemals wieder erlangen kann.

Vom Beginn der Reise an bis zu ihrer Vollendung sind alle Reisenden mit der göttlichen Schöpferkraft vereint.

Dies birgt eines der wichtigsten und doch oft nicht gekannten Geheimnisse der Schöpfung. So wie die Quelle einst und auch jetzt in jedem Moment der Existenz die uns bekannte Realität erschaffen hat und weiter erschafft, ist auch jedes bewusste und sogar unbewusste Wesen in der Lage, diese Schöpfung und Existenz mit der Kraft der eigenen Gedanken zu formen, zu beeinflussen und zu verändern.

Diese Kraft kann und darf, da sie ganz natürlich ist, genutzt werden, um auch Heilung für sich selbst und andere zu erlangen. Die Schöpferkraft, die durch Gedanken in Realität manifestiert werden kann, ist ein Grundrecht jeden existierenden Lebens und kann mit dem Grad der Bewusstwerdung immer stärker und effizienter genutzt werden. Die Euch bekannten Magier sind Meister ihres Faches in der Nutzung der geistigen Kräfte und auch auf dem Weg eines Heilers wird der Mensch im Allgemeinen mit vielen verschiedenen Formen der kreativen geistigen Arbeit in Berührung kommen und durchaus erfahren, dass es kaum Grenzen des bewussten, kreativen Wirkens mit Hilfe der göttlichen Schöpferkraft gibt.

Ganz besonders wichtig wird in diesem Moment der Bewusstwerdung auch der Gedanke der Verantwortung und des wohlüberlegten Handelns. Gedanken werden zur Realität und können jede äußere Existenz mit beeinflussen! Alles ist mit allem verbunden. Jeder lichtvolle Gedanke kann zur Liebe führen, jeder dunkle Gedanke in die Verirrung.

Alle Gedanken sind sinnvoll im Gesamtbild der Schöpfung, denn nur durch die Existenz aller dualen Aspekte wie gut und böse, hell und dunkel, laut und leise, angenehm und unangenehm, kalt und warm oder hart und weich sind die bewussten Existenzen in der Lage, die Schöpfung in ihrer Vielfalt und Vollkommenheit zu erfahren.

In jeder Träne liegt der Keim der Freude und in jedem Lachen begründet sich auch wieder der Moment der Trauer. Freud und Leid liegen eng beisammen und bilden gemeinsam auch erst die Gesamtheit der Existenz – zusammen mit allen anderen dualen Aspekten des Erlebbaren in diesem Euch bekannten Universum.

Erst durch die Möglichkeit der Gegensätze beginnt das Leben auf uns zu wirken. Erst durch die Gegensätze sind wir in der Lage, Entscheidungen für uns und unser Leben zu treffen. Erst die Gegensätze befähigen uns zur Bildung eines ganz individuellen Charakters. Erst die Möglichkeit zu entscheiden, ob wir uns der Liebe zuwenden wollen, um damit den Weg ins Licht nach Hause zu beschreiten, gibt uns die Freiheit, unser Ja zur Existenz auch auszusprechen und auszuleben.

Jede Zuwendung zur Dunkelheit ist ein Verneinen der liebevollen Zuwendung des schöpferischen göttlichen Ursprunges und führt demnach auch gleichsam in die Irre und Verwirrung. Erst durch den Weg in die Irre lernen die bewussten Wesenheiten, die Qualität der Freude, des Lichtes und der Liebe in ihrem Wert zu schätzen. Je bewusster die Seelen ihre Reise zum Licht beschreiten, um so mehr stellt sich Mitgefühl, Verständnis und Freude ein.

Allen Menschen ist in diesem Universum die Möglichkeit gegeben, den freien Willen zu nutzen.
Das bedeutet die Erlaubnis, die göttliche Schöpferkraft kreativ zu nutzen und einzusetzen. Dies kann zum eigenen Vorteil geschehen und sogar zum Nachteil für andere. Wie auch in allen anderen Bereichen des Lebens, agieren die Menschen hier innerhalb der eigenen Verantwortung. Am Ende eines Lebenszyklus steht dann auch die Bewertung der eigenen Taten und des eigenen Lebens.

Ihr werdet vergeblich irgend wo dort draußen nach einem Gott suchen, der Euch richten oder belohnen wird.

Ihr selbst werdet das großartige Geschenk erhalten, Euer Leben bewerten und beurteilen zu dürfen. Und je weiter Eure Seele und Euer Bewusstsein bereits in Richtung auf die Quelle des Ursprunges zurückgewandert ist, je klarer wird Eure Bewertung auch von der Liebe zur Schöpfung und zu allem Sein getragen. Das bedeutet, dass Euer eigenes Urteil über Euer gerade gelebtes Leben Euch in die ganze Verantwortung der eigenen bewusst erkannten Liebe stellt.

Ihr werdet Euch damit mit all Euren Möglichkeiten des Fühlens und Wahrnehmens für all das bis in die letzte Faser Eurer Existenz schämen, was Ihr versäumt habt, in Liebe zu tun. Ihr selbst werdet Euer schärfster und unnachgiebigster Richter sein. Und in gleichem Maße wird Euch jede, auch noch so kleine Tat der Liebe, mit unbeschreiblicher und größtmöglicher Freude erfüllen – genau in dem Maße, wie Ihr selbst eben nun in der Lage seid, dies zu fühlen.

Und so streben die bewussten Anteile Eurer Existenz einer immer größeren und immer deutlich spürbareren Liebe entgegen. Weil die Liebe Euer aller Ursprung und Euer aller Ziel ist. Und darin liegt eines der größten erfahrbaren Geheimnisse für alle Existenzen hier auf Erden und im gesamten dualen Universum.

Nehmt daher das Leben in Freude und in Liebe an, und werdet Euch der Qualität Eurer Handlungen in genau dieser Freude immer mehr bewusst und Ihr geht dann schon während Eurer irdischen Lebenszeit mit bewussten Schritten immer mehr der Liebe und damit Eurem Ziel der Existenz entgegen.

Die Ausrichtung auf die Liebe hin wird Euch auch ein gutes Maß für die Beurteilung aller Dinge sein.

Ihr werdet fühlen und wissen, welche Entscheidung für Euch die Richtige ist, welcher Weg für Euch der Richtige ist. In dem Maße, wie Ihr nach Euren eigenen authentischen Gefühlen und in Ehrlichkeit Euch selbst gegenüber lebt – in dem Maße werdet Ihr Euch Eures eigenen von göttlicher Liebe entsprungenen Selbst bewusst werden. Ihr werdet immer mehr von Freude über Eure Existenz und von Liebe zum Leben aller Existenz gegenüber erfüllt werden. Dies ist ein ganz natürlicher Prozess und führt immer in die eine Richtung – zurück zur Quelle.

Alles, was Ihr in Eurem Leben genau in diesem einen Moment erlebt, ist im Sinne der Schöpfung gewollt und richtig. Durch den göttlichen Schöpfergedanken können nur die Dinge geschehen, die auch so gedacht werden. Damit ist alles begründet und damit erhält alles seinen Sinn.

Die Zusammenhänge sind allerdings so sehr komplex, dass es für einen Menschen eine große Herausforderung darstellt, diesen Sinn, der allen Dingen zu Grunde liegt, überhaupt vollständig und manches Mal auch nur ansatzweise zu verstehen. Dennoch gilt immer und in jedem Moment: Es geschehen nur solche Dinge, die auch so gedacht und geschöpft wurden! Da jedes bewusste Sein in diesem Universum mit zur Schöpfung beiträgt, ist das, was letztendlich geschieht – ganz gleich, ob es den Menschen gefällt oder nicht – das Ergebnis der gemeinsamen Gedanken!

Jedes Leid und auch jede Freude entsteht durch Euer gemeinsames eigenes Denken! Anstatt Euch zu fragen, wie „Gott" so etwas zulassen kann, wäre die richtigere Formulierung die, wie die Gemeinschaft der bewussten Existenzen, im Allgemeinen die Gemeinschaft der lebenden Menschen, dies zulassen kann. Denn es sind im Grunde Eure eigenen Gedanken, die diese Wirkung hervorrufen.

Deshalb ist es von großer Wichtigkeit, dass Ihr Euch über die Zusammenhänge bewusst werdet und damit die Möglichkeiten nutzen könnt, Euch auch Euer Paradies bereits auf Erden zu erschaffen. Die Erlaubnis dazu liegt Euch vor!

Helft einander, diese Dinge zu verstehen. Lehrt einander, die Gedanken schöpferisch so einzusetzen, dass sie Eurem von Liebe erfüllten Wesenskern bestmöglich entsprechen. Damit wird es Euch ermöglicht, die größtmögliche Liebe und Freude bereits während Eures Daseins als Mensch auf Erden zu erfahren.

Liebevolle schöpferische Gedanken sind der Grundbaustein des Paradieses auf Erden.

Ja, Ihr dürft Eure schöpferischen Fähigkeiten fördern, entwickeln und ganz gezielt nutzen, um die Welt nach Euren Maßstäben und Vorstellungen zu verändern.

In Eurem Wesen liegt die Kraft der schöpferischen Gedanken und Ihr alle seid aufgefordert und auch berechtigt, diese Kraft nach Euren eigenen Vorstellungen – gewiss auch oft im Wettstreit zu allen anderen schöpferisch tätigen Menschen – zu nutzen.

Je mehr dieses Nutzen dem Grundgedanken der liebevollen Zuwendung entspricht, desto mehr wird Euer Leben auf Erden dem entsprechen, was Ihr alle als „Zuhause" bezeichnen würdet im Moment der größten Bewusstheit.

Wir wünschen Euch auf diesem Weg der Bewusstwerdung die besten und liebevollsten Erfahrungen, die Euch hierbei möglich sind.

# Was ist energetisch-geistiges Heilen?

Geistiges Heilen ist das Aktivieren der Selbstheilungskräfte mit energetisch-geistigen Methoden. Es ist die Möglichkeit, der Seele die passenden Signale und eine wirkungsvolle Hilfe anzubieten, um das Leben als Mensch wieder ins Gleichgewicht zu bekommen und zur Heilung zurückzufinden.

Wir kommen bei diesen Erklärungen sehr schnell von einem Punkt zum anderen, denn es stellt sich sofort die Frage: Wenn wir Heilen wollen – was ist denn Krankheit überhaupt und welchen Sinn verfolgt die Natur, das Universum, der Kosmos, die Seele oder das Leben damit, dass ein Mensch gesund oder krank sein kann? Worin liegt der Sinn? Wieso sind die einen gesund und die anderen krank? Wieso streben die Menschen nach Gesundheit und wieso gibt es überhaupt Krankheiten?

Beginnen wir doch am besten irgendwo im Kreislauf des Werdens und Wachsens, vielleicht bei der Geburt eines Menschen. Die meisten Babys kommen gesund zur Welt. Gesundheit ist der Zustand, der uns ideal erscheint. Ein Baby, das heute das Licht der Welt erblickt, kommt ohne irgendwelche irdischen Reichtümer auf die Welt. Ohne Lebenserfahrung, ohne das Wissen, wie es sich ernähren kann, wo es wohnen wird und mit welchem Auto es zur Arbeit fährt, um so viel als möglich Geld zu verdienen und ein reiches, glückliches Leben zu führen. Ja – Sie merken es schon. Diese Bilder passen nicht zusammen.

Das neu geborene Kind war einige Monate einfach nur im Mutterleib – geborgen in der Wärme, in Sicherheit und geliebt.

Die meisten Seelen, die als Neugeborene zur Welt kommen, haben schon einige, manche sogar schon sehr, sehr viele Leben als Mensch oder als andere Daseinsformen hinter sich. Leben ist Entwicklung, Vielfalt und Veränderung.

Geburt ist Neuanfang. Die Erfahrungen der Vorleben allerdings bilden den Charakter des Neugeborenen. Das Baby kommt zur Welt und bringt seine gesammelten Erfahrungen mit – allerdings, ohne sich bewusst daran zu erinnern. Und das Neugeborene hat auch noch eine starke Verbindung nach drüben – zur geistigen Welt. Die Kanäle sind noch offen. Bilder und Eindrücke aus der geistigen Welt können noch wahrgenommen werden. Babys sehen geistige Wesen und integrieren sich nur langsam in die irdische Welt. Und je mehr der Verstand die neuen Eindrücke sammelt, je mehr löst sich das Neugeborene von den Eindrücken der feinstofflichen Welten. Mehr und mehr wächst es zum Menschen heran und wird geprägt von den Eltern, den Mitmenschen, den Ereignissen und Geschehnissen, mit denen es in Berührung oder in Kontakt kommt.

Im Grunde genommen sind die Menschen geistige Wesen. Die Quelle, aus der alles entsteht, liegt in einer geistigen Welt. Gedanken der Urquelle erschaffen die Welt. Und dieser winzig kleine Teil, der zur Materie im dualen Universum wurde, den Ihr Erde nennt, ist nun die neue Heimat dieses kleinen Babys geworden. Für einen kurzen Augenblick, so etwa 60 bis 80 Jahre.

Wenn wir uns fragen, wie diese Quelle aussieht, dann können wir folgendes erkennen:
Die Quelle hat den Wunsch, zu erschaffen. Die Welt, die wir jeden Tag wahrnehmen ist sehr komplex und vielfältig.

Sie ist ein Ausdruck der Vielfalt und auch der unglaublichen Möglichkeiten der Schöpferkraft dieser geistigen Quelle.

Erschaffen bedeutet auch Zuwendung. Jedes Erschaffen beinhaltet die Qualität der Zuwendung. Zuwendung bedeutet Interesse und im Inneren des Interesses findet sich die Liebe. Der Quell all dessen, was erschaffen wurde, besteht im Wesenskern also durchaus aus liebevoller Zuwendung.

Liebevolle Zuwendung ist der Ursprung und die Basis all dessen, was erschaffen wurde und existiert. Liebevolle Zuwendung ist der Stoff, aus dem alles im Ursprung entstanden ist.

Liebevolle Zuwendung ist unser aller Zuhause – ob wir nun gerade als geistige Wesen existieren oder als Menschen. Ob wir als Baum tief in der Erde verwurzelt sind, als Gewitter die Blitze auf die Erde schleudern oder als Wind die Wolken in unsere Richtung mitnehmen. Ob wir als Vogel über den Acker kreisen auf der Suche nach Beute oder ob wir uns einen nagelneuen Ferrari kaufen, den wir gar nicht brauchen.

Liebevolle Zuwendung ist der Ursprung, die Quelle, das Geborgen sein, unser Zuhause und unsere Essenz.

Geistiges Heilen ist das Öffnen der Türen zur liebevollen Zuwendung. Geistiges Heilen gibt den Menschen den Mut, den Weg der liebevollen Zuwendung zu gehen. Dieser Weg führt immer nach Innen. Ein Mensch, ein geistiges Wesen, alles, was existiert, ist dann gesund, wenn es sich selbst erkannt und angenommen hat.

Krankheit entsteht immer dann, wenn wir den Weg der liebevollen Zuwendung verlassen.

Der Mensch, der sich selbst verzeiht, mit sich selbst im Reinen ist, der sich selbst liebevoll annimmt und sich selbst zuwendet in Liebe – ist auf dem Weg zur Heilung oder bereits gesund.

Die interessante Frage ist nun: Mit welchen Methoden, mit welchen Techniken oder Anwendungen erreichen wir es, den Menschen zu helfen, wieder gesund zu werden?
Denn das soll ja das Thema dieses Buches sein. Wie sehen die energetischen und geistigen Methoden aus, mit denen ein Mensch den anderen Menschen helfen kann, gesund zu werden oder den Weg der Heilung zu finden und zu beschreiben?

Energetisch-geistiges Heilen ist die Aktivierung der Selbstheilungskräfte durch das Öffnen der Türen der liebevollen Zuwendung des Betroffenen. Durch diese Türen kann die Liebe eintreten und das Wunder der Heilung bewirken.

Im Folgenden werden wir uns die Türen betrachten, die oft als Hindernisse den Weg zur Heilung versperren.

# Krankheitsursachen

Der Mensch lebt in einer physisch-materiellen Welt mit physikalischen Gesetzen wie Schwerkraft, Trägheit der Masse, Energieerhaltungsgesetz, elektromagnetischen Gesetzen und natürlich auch geistigen Gesetzen – um nur ein paar der Rahmenbedingungen zu nennen. Und selbstverständlich ist der Mensch als körperliches Wesen direkt den physikalischen Einflüssen in der materiellen Welt unterworfen. Gleichzeitig haben wir aber auch die geistige Komponente und die sogenannte „Sinnform" des Daseins. Das bedeutet, dass allem, was hier auf Erden und auch sonst irgendwo im dualen Universum nach den geltenden Gesetzen geschieht, ein Sinn, ein großes Ganzes, ein universeller Gedanke, der immer richtig und gesetzmäßig erscheint, zu Grunde liegt.

Alles, was geschieht, hat einen Sinn. Es ist ganz wichtig, das zu verstehen.

Der Grundgedanke der Schöpfung ist die liebevolle Zuwendung, die Abspaltung von der Urquelle und die Reise der einzelnen Seelenkomponenten oder Individualseelen und Existenzen zurück zur Quelle.

Alles, was eine Individualseele oder auch eine Kollektivseele erlebt, hat einen Sinn. Somit darf auch alles akzeptiert werden, so wie es ist.
Dennoch ist es auch erwünscht und entspricht in jedem Falle dem Schöpfergedanken – und damit der Essenz aller Wesen – selbst kreativ an der Schöpfung teilzunehmen. Das bedeutet, dass es durchaus in Ordnung und sogar erwünscht ist, dass jeder selbst sich eine eigene Meinung bildet, und diese dann vertritt und nach ihr lebt.

Individualität, und das ist ganz wichtig für alle lebenden Wesen, ist ein Geschenk, das erlebt werden möchte. Sie ist ein Bestandteil des Universums, der durchaus gewollt und ebenfalls im Sinne der Schöpfung ist. Dies bedeutet, dass es zwangsläufig zu sehr vielen Meinungen hier auf Erden kommt, die allesamt durchaus auch widersprüchlich zueinander sein können.

Verstoßen die Meinungen gegen physikalische oder geistige Gesetze, dann hat das ebenfalls sinnvolle physikalische oder auch geistige Auswirkungen.

Ein Mensch, der sich dem Feuer zu sehr nähert, wird sich verbrennen. Ein Mensch, der aus großer Höhe auf den Boden springt, riskiert, sich die Knochen zu brechen.

Entsteht nun irgendeine Krankheit im oder am Körper, dann darf man sich natürlich fragen, wo die Ursache hierfür liegt. Denn es ist ja auch Sinn einer Krankheit, Lernprozesse und Umdenkmechanismen einzuleiten, die dann dazu führen können, dass der Mensch einen neuen, oft sehr viel sinnerfüllteren Weg einschlägt. Oft findet sich ein Mensch nach einer großen gesundheitlichen Krise an völlig neuer Position, mit sehr vielen wertvollen Erfahrungen und oft auch mit mehr Bewusstheit darüber, was Glück und Freude für ihn oder sie ganz persönlich bedeutet.

Jede Krankheit hat einen Sinn und soll uns dazu anregen, über unser Dasein, unser Leben und unsere Aktionen nachzudenken. Und dann, wenn wir die Ursachen für die Erkrankung erkannt haben, können wir die Chance nutzen, den Weg zur Heilung ganz bewusst anzutreten – oder auch akzeptieren, dass irgendwann die Türe zum Jenseits für uns geöffnet wird und wir angehalten sind, den Menschen um uns herum auch wieder ein „Lebt wohl" zu sagen und unseren Weg in den Tod endlich abzuschließen.

Finden wir körperliche Symptome, die wir als Krankheit erkennen, dann ist es absolut sinnvoll, sich hierüber unverzüglich Gedanken zu machen. Das Universum, die gesamte Schöpfung, steht jedem Leben positiv gegenüber. Wir dürfen also vertrauensvoll davon ausgehen, dass wir bei unserer Suche nach Heilung von den geistigen Komponenten, die uns begleiten, immer unterstützt werden. Dennoch kann eine Krankheit auch ein Warnsignal sein. Eine Aufforderung, so nicht mehr weiter zu machen, endlich umzudenken und entscheidende Faktoren im eigenen Leben so schnell als möglich, am besten sofort und nachhaltig, zu ändern.

Das klingt sehr leicht, kann aber oft als unüberwindbare Herausforderung dazu führen, dass die Menschen daran scheitern. Akzeptiert Euch genau so, wie Ihr heute seid. Ihr habt den Tag mit guten Gedanken begonnen, wollt Euer Bestes geben und trefft immer die Entscheidungen, die Euch jetzt im Moment richtig erscheinen. Das verdient volle Anerkennung und ist alles, was Euch möglich ist. Fehler dürfen passieren, Schwächen dürfen auftreten – denn alles ist von einem höheren Sinn zusammengefügt. Es kann nur Richtiges geschehen – egal, wie es sich für Euch zeigt, egal, wie unangenehm oder schmerzhaft es für Euch sein mag. Der Sinn ist immer da, selbst im noch so Verborgenen. Erkennt man den Gesamtzusammenhang, so haben auch die schrecklichen und schlimmen Erfahrungen einen tieferen Sinn.

Gerne fragen die Menschen dann: „Wie kann Gott so grausam sein und so etwas zulassen?" Aber da sind wir schon wieder an dem Punkt angekommen, wo es wichtig wird, zu verstehen, dass Gott – oder die Schöpferkraft – der Welt den freien Willen geschenkt hat.

Die Dinge dürfen sich im Rahmen der gegebenen Gesetze frei entwickeln.

Das kann nur funktionieren, wenn diese Erlaubnis uneingeschränkt aufrecht erhalten bleibt.

Und somit gibt es immer neben dem Licht auch Bereiche, auf die der Schatten fällt – weil das Licht gebraucht wird, um dafür andere Stellen zu beleuchten und zu erhellen. Geistige Gesetze sind ebenfalls eindeutig und erklärbar – auch wenn sie nicht so einfach begreifbar sind, wie die physikalischen Gesetze.

Doch nun zurück zu den Krankheitsursachen.

Zunächst ist es von entscheidender Bedeutung und Wichtigkeit, dass der Mensch in Frieden und Einklang mit seinem Körper lebt.
Aussagen wie: „Mein dummes Bein" oder „Der scheiß' Kopf schon wieder" zeigen eine verachtende und abwertende Haltung dem eigenen Körper gegenüber.
Wenn wir nun wissen, dass der menschliche Körper auch ein Körperbewusstsein hat und auch jedes Organ, ja sogar jede noch so kleine Zelle ein eigenes Bewusstsein hat, dann können wir uns sehr leicht vorstellen, wie sich das Bein oder der Kopf eines Menschen fühlt, wenn eine solche Abwertung stattfindet. Das Bein oder der Kopf sehen hier natürlicherweise überhaupt keinen Anlass, jetzt sofort gesund zu werden. Eher im Gegenteil.
Der Körper hat eine Botschaft an den Menschen, er ruft um Hilfe und das zeigt sich in Krankheits-Symptomen. Der Körper wird ja nicht aus eigener Boshaftigkeit heraus krank, sondern deshalb, weil hier innere Abläufe, geistige Zusammenhänge, Entwicklungschancen für den Menschen oder sinnerfüllende Zusammenhänge derart wirken, dass die Krankheit zum Ausdruck kommt.

Kurzum – die Krankheit hat einen Sinn und der möchte erkannt werden. Hat die Krankheit ihren Sinn „erfüllt", indem die Botschaft angekommen ist, dann kann sie sich wieder auflösen, der Körper kann wieder heilen, oder aber, falls der Weg zur Heilung nicht offen erscheint, dann kann es sinnhaltig sein, sich mit dem Thema Tod, irdisches Leben und geistige Existenz, Trennung und liebevolle Verabschiedung und vieles mehr, auseinander zu setzen.

Ursachen für Krankheiten können oft sehr vielschichtig sein. Doch, wie gesagt, das Organ oder der betroffene Körperteil möchte, dass die Botschaft, die aus höheren geistigen Regionen, wie einem Seelenbewusstsein, dem höheren Selbst oder von eigens für uns erstellten Lebensaufgaben kommt, erkannt und angenommen wird.

Im Grunde geht es also immer darum, zu erkennen, dass das Bein nicht dumm ist, sondern ein Botschafter des Lichts und der liebevollen Zuwendung, der den Menschen, der auf Irrwegen wandelt, mit den zur Verfügung stehenden Signalen darauf aufmerksam machen möchte, zuzuhören, umzudenken, die Botschaft zu empfangen und den Weg zu korrigieren. Wird das Signal erkannt, tritt oft spontan die Heilung ein.

Der Mensch sollte sich also ebenfalls liebevoll seinem Körper, den Organen und einzelnen Körperteilen zuwenden, sollte akzeptieren, dass Krankheit der Versuch einer positiven Unterstützung ist und dankbar dafür sein, dass der Körper noch Signale sendet.
Er könnte sich jederzeit auch selbst zerstören, wie es häufig ja in Form von Krebs, AIDS oder schlagartigen Ereignissen wie Gehirnschlag, Herzinfarkt oder Unfall mit Koma-Folge stattfindet.

Werden die ersten Signale ignoriert oder verkannt und der „scheiß' Kopf" als der Schuldige betrachtet, dann werden die Signale, die Hilferufe des Körpers und der Seelenanteile, lauter und extremer. Das kann bis zum Tod führen, wenn die Seele sich vor einer – allem Anschein nach – unlösbaren Situation befindet und schlichtweg den „Ernst des Lebens" aufgibt.

Liebevolle Zuwendung an den Körper und die Bereitschaft, auf die Signale einer beginnenden Krankheit aufmerksam zu reagieren, sind die besten Voraussetzungen, die Gesundheit schnellstmöglich zurück zu erlangen.

Der genaue Blick auf die Ursachen einer Erkrankung ist absolut sinnvoll. Je besser wir verstehen, wodurch eine Krankheit ausgelöst wird, um so besser kann es uns gelingen, den Weg zurück zur Genesung aufzuzeigen und auch zu gehen.

Das Leben, ja die ganze Existenz, kann nur in Harmonie sein. Es wird sich immer ein Gleichgewicht einstellen, egal, aus welcher Richtung wir die verschiedenen Aspekte des Lebens und der Existenz betrachten.

Wenn wir einen Stein vor uns hinlegen und daneben eine Kerze entzünden, so finden wir neben dem Licht der Kerze auch genauso den Schatten, den der Stein wirft, sobald die Kerze brennt.
Um die Flamme der Kerze zu erhalten, gibt sich das Wachs der Kerze dem Schmelzen und Vergehen hin.

Alles ist im Gleichgewicht, jede Aktion in die eine Richtung erzeugt eine Gegenaktion in die andere Richtung. Alles ist im Gleichgewicht und pendelt sich aneinander aus in die Harmonie.

Ein Mensch, der den Weg der liebevollen Zuwendung verlässt, wird durch das Signal einer beginnenden Krankheit daran erinnert, sich zu besinnen und auf den Weg der Wahrheit, der Erkenntnis und des Lichts zurückzukehren. Zurück zur liebevollen Zuwendung – in erster Linie sich selbst gegenüber.

Das Signal der Krankheit entsteht immer zuerst auf der geistigen Ebene. Denn dort wird von unseren höheren Bewusstseinskomponenten als erstes erkannt, dass der wahre Weg der liebevollen Zuwendung verlassen wurde. Eine Korrektur erscheint notwendig und sinnvoll und die ersten Signale werden ausgesandt.

Menschen, die eine Aura sehen oder wahrnehmen können, erkennen Krankheiten als Schattierungen oder Veränderungen in der Aura der betroffenen Menschen, lange bevor sich die Symptome auf der körperlichen Ebene manifestiert haben.

Dies ist ein Merkmal der Entstehung von Krankheiten. Die geistigen Signale werden über die seelische Ebene weitergeleitet. Dort zeigen sie sich als „Gefühl" als „schlechtes Gewissen" oder als „innere Stimme", die gehört werden möchte.

Ignoriert man diese ersten ins Bewusstein drängenden Signale, dann wird die Stimme lauter und zeigt sich schließlich im Körperlichen. Unwohlsein, beginnende Schmerzen oder auch heftigere Signale bis hin zur Selbstzerstörung in Form von Krebs oder AIDS können die Folge sein, wenn wir uns hartnäckig weigern, die ankommenden Signale zu erkennen und unseren Lebenskurs zu korrigieren.

In Folge des eben Gesagten wäre es für uns Menschen eine große Hilfe, von beginnenden Krankheiten bereits in dem Stadium zu erfahren, wenn die ersten Anzeichen in der Aura sichtbar werden.

Hierzu gehört allerdings ein passables Maß an spirituellen Fähigkeiten, über die der heutige Durchschnittsmensch der westlich-zivilisierten Welt in aller Regel nicht verfügt. Auch hat nicht jeder einen Menschen in seinem Bekanntenkreis, der über die Fähigkeit der Aurasichtigkeit und auch die Möglichkeit verfügt, die wahrgenommenen Signale, die Verfärbungen, Eintrübungen oder Auffälligkeiten, gezielt und passend zu erklären. Und schließlich möchte man nicht wegen jeder Kleinigkeit andere Menschen um Hilfe bemühen. So wird das Erkennen und richtige Verstehen der Signale auf der Auraebene heute noch zur Ausnahme zählen.

Ein wenig besser sollte es funktionieren, dass wir uns selbst darin schulen, die feinen Signale auf der seelischen Ebene zu erkennen und zu deuten. So kann es vorkommen, dass sich spontan ein feines Gefühl des Unwohlseins einstellt, wenn wir mehr oder weniger unbewusst von unserem Weg abweichen.

Wir fühlen einen Druck in der Magengegend, fühlen uns unwohl oder wissen ganz genau, dass wir jetzt gerade im Begriff sind, etwas zu tun, was wir „eigentlich" gar nicht tun möchten. Genau dort sollte unsere Wachsamkeit geschult werden.

Es bietet sich hier die erste, relativ leicht zu erlernende Möglichkeit, Kursabweichungen von unserem ganz persönlichen Lebensweg zu erkennen, die in der Folge zur Krankheit mutieren können, wenn wir sie ignorieren.

Auf der Seelenebene sind die Signale noch relativ sanft und dennoch bereits merklich vorhanden. Wenn wir uns schulen, diese feinen Signale zu erkennen, so gelingt es uns immer besser, ankommende Krankheiten bereits im Entstehen wieder auszuleiten, da wir die Signale wahrnehmen und sie sogleich in unserem eigenen Sinne zum Positiven für uns wenden können.

Ignorieren wir die seelischen Signale, dann werden wir es mit Krankheitsanzeichen auf der körperlichen Ebene zu tun bekommen. Auch diese beginnen in aller Regel zuerst noch relativ harmlos und werden dann, wenn wir auch diese Anzeichen dauerhaft ignorieren, stärker und deutlicher.

Man könnte nun festhalten, dass diejenigen Menschen, die unter starken körperlichen Signalen, also unter schweren Krankheiten, leiden, alle möglichen Signale übersehen oder bewusst weggedrückt haben, um auf dem Irrwege zu bleiben, der ins Verderben führt, da er nicht dem eigenen Lebensweg (im Sinne einer liebevollen Zuwendung) entspricht.

Dies stimmt mit voller Richtigkeit. Gleichwohl darf angemerkt werden, dass nur die wenigsten Menschen sich bewusst selbst schaden würden oder möchten.

Deutliche Ausnahmen finden wir unter den Selbstmördern, die ihr Heil darin suchen, die irdische Existenz zu beenden oder unter den Rauchern, denen es ganz offensichtlich entweder nicht bewusst ist, dass sie ihren Körper absichtlich vergiften oder die das regelrecht billigend in Kauf nehmen. Zumindest darf die liebevolle Zuwendung des Rauchers zu seinem eigenen Körper deutlich angezweifelt werden.

So sollte davon ausgegangen werden, dass der normale Mensch ein „gesundes Interesse" daran haben sollte, selbst gesund zu bleiben und auch Maßnahmen zu treffen, um die eigene Gesundheit zu fördern.

Sind körperliche Krankheitssymptome bereits vorhanden, dann lohnt es sich, auf die Suche nach dem Verursacher zu gehen, um den Weg zurück in die Richtung des eigenen Lebensweges oder Lebenszieles wieder zu finden.

An dieser Stelle sollte der Hinweis folgen, dass durch die Gesetze des Ausgleichs und der Harmonie auch Ursachen in der physischen Welt gesetzt werden, die im Grunde ihren Ursprung im Geistigen haben.

Ein Beispiel hierzu: Ein Mensch, der sein Schlafzimmer mit Elektrosmog verseucht vorfindet und dadurch seinen körperlichen Zustand Nacht für Nacht verschlechtert sieht, strebt über die Physik der elektrischen und magnetischen Felder in seinen Schwingungszustand der „Harmonie in Krankheit". Der Elektrosmog kann dabei bewusst selbst erzeugt worden sein oder aber unbemerkt durch andere erzeugt werden. Wer letztlich den Verursacher auf der physischen Ebene „erschaffen hat" ist unerheblich. Wenn im Leben eines Menschen ein solcher Verursacher sinnvoll oder nötig erscheint, wird er sich einfinden.

Gleiches funktioniert auch anders herum.

Ein Mensch, der ein ganz persönliches Krankheitsbild im Körperlichen entwickelt hat, zum Beispiel eine Augenkrankheit, der kann, wenn er nur in seinen Garten geht, dort mit großer Wahrscheinlichkeit auch die zu seiner Krankheit passende Heilpflanze, wie etwa das Schöllkraut, finden. Denn so, wie Verursacher sich einstellen, um das Krankheitsbild zu unterstützen, so stellen sich auch Heilkräuter ein, welche die Natur zur Verfügung stellt, um den Ausgleich in Richtung der gesunden Harmonie wieder zu fördern.

Alles hängt mit allem zusammen. Jede Ursache hat seine Wirkung hat seine Ursache.

Es ist alles ein großer Kreislauf oder auch eine ständig sich drehende Spirale auf unserem Weg des irdischen Daseins.

Wenn wir als Menschen also eine Krankheit im Körper erkennen, dann lohnt es sich durchaus, um die Krankheit und auch die Heilmöglichkeiten auf der körperlichen Ebene zu verstehen, wenn wir nach dem physischen Verursacher suchen.

Dort, wo sich physische Krankheitsverursacher zeigen, sind meist auch seelische Verursacher ausfindig zu machen, denn meist wird auch die seelische Ebene, ebenso aus Gründen des Ausgleichs und der Harmoniebestrebungen des Universums, Verursacher und seelische Heilmittel zur Verfügung stellen.

Und letztlich können wir uns auf dem Weg der energetisch-geistigen Betrachtungsweisen auch mit geistig-energetischen Heilmethoden auf die Suche nach Heilung (und damit auch nach Umkehr zur liebevollen Zuwendung) für den betroffenen Menschen machen.

Dort, wo wir unser eigenes Gleichgewicht in liebevoller Zuwendung in uns selbst finden, dort pendelt sich die Heilung in einem mit uns selbst harmonischen inneren Gleichgewicht ein.

Wenn wir von einer Krankheit betroffen sind, dann können wir auf verschiedenen Ebenen darauf Einfluss nehmen. Wie wir wissen, stellt sich in der Natur unserer Welt immer ein irgendwie geartetes Gleichgewicht ein – analog zu den geltenden physikalischen und geistigen Gesetzen.

So wird ein Ball, der ins Rollen kommt, immer zum tiefsten Punkt hin rollen, ein Bach fließt immer den Hang abwärts und Wasser in zwei Gläsern fließt immer vom volleren zum weniger vollen, wenn die beiden Gläser am Boden über einen Schlauch miteinander verbunden werden – so lange, bis in beiden Gläsern der Wasserpegel die selbe Höhe erreicht hat. So lange also, bis das natürliche Gleichgewicht hergestellt ist.

Sind wir nun mit einem bestimmten Zustand nicht einverstanden und streben nach einer Veränderung, so wissen wir, dass wir nur die geltenden Gesetze anwenden brauchen, damit das Streben nach Ausgleich und Gleichgewicht zu wirken beginnt.

Ein Beispiel hierzu: Wenn wir mit der Zimmertemperatur in unserem Haus nicht zufrieden sind, weil wir es als zu kalt empfinden, so können wir mit Hilfe der physikalischen Gesetze eine Feuerquelle entfachen und damit Hitze erzeugen, die sich dann mehr oder weniger gleichmäßig von der Hitzequelle weg im Haus ausbreiten wird. Die Temperatur wird steigen.

Wenn wir die geltenden Gesetze kennen, dann kommen wir auch recht leicht auf die Möglichkeiten, die sich uns bieten, um Zustände zu verändern. Wir können allerdings auch immer nur solche Gesetze bewusst anwenden, die wir auch bewusst kennen.

Gesetze, die wir nicht kennen, wirken auf einer Ebene, die uns selbst nicht bewusst wird. Sie wirken aber dennoch und können auch massive Veränderungen der Zustände bewirken. Möglichst viele Gesetzmäßigkeiten kennen zu lernen bringt damit auch Vorteile mit sich, welche die Möglichkeiten zur Einflussnahme vergrößern.

In unserem Beispiel mit der Zimmertemperatur bedeutet das, dass wir über verschiedene Möglichkeiten Einfluss nehmen können. Wir können uns eine Ölheizung installieren lassen, eine Fußbodenheizung oder einzelne Heizkörper. Wir können elektrische Heizkörper in Form von Ölradiatoren oder Heizlüftern aufstellen oder auch die Erdwärme nutzen.

Es gibt zahlreiche Möglichkeiten, um die Zimmertemperatur zu erhöhen.

Einen Holzofen zu installieren und darin feste Brennstoffe, wie Holz oder Kohle zu verschüren, kommt dem wärmenden Lagerfeuer der ersten Menschen auch heute noch am Nächsten.

Doch egal, welche Methode wir anwenden – wir werden es schaffen, die Zimmertemperatur zu erhöhen.

In Bezug auf Krankheiten bedeutet das auch, dass wir einen enormen Vorteil haben, je besser wir die Zusammenhänge und Gegebenheiten verstehen, die zu Krankheiten oder auch zur Gesundung führen können.

Obwohl wir wissen, dass ursprünglich die geistigen Gegebenheiten das Ungleichgewicht, welches letztlich zur Krankheit führt, ausgelöst haben, können wir auf verschiedenen Ebenen in die ablaufenden Prozesse eingreifen.

Es spielt also keine ganz so wichtige Rolle, ob wir mit geistigen Heilmethoden behandeln, über homöopathische Mittel oder mit schulmedizinischen und pharmazeutischen Methoden und Präparaten.

Wir versuchen in jedem Fall eine Veränderung der bestehenden Größen zu erreichen, die zu dem Krankheitsbild, das wir in diesem Moment vorfinden, geführt haben. Sei die Krankheit nun noch im Prozess der Veränderung oder bereits in einem ausgepegelten Zustand des Gleichgewichtes.

In dem Moment, in welchem wir beginnen, Einfluss zu nehmen – egal auf welcher Ebene und mit welchen Methoden – fangen wir an, die Prozesse und Zustände zu verändern.

Wenn wir es zielgerichtet tun und die Methoden geeignet sind, diese Zielrichtung zu fördern, zu unterstützen oder herbeizuführen, dann befinden wir uns auf dem Weg der Heilung.

Es lohnt sich demnach, Methoden und Werkzeuge kennen zu lernen, die wir nutzen können, um einen Heilungsprozess anzustoßen oder zu fördern.

Betrachten wir hierzu zunächst die am deutlichsten erkennbaren **Krankheitsursachen auf der physikalischen Ebene:**

**Gifte:**

Der menschliche Körper besteht aus einem System, das sich selbst steuert und reguliert. Hierbei finden feinste Stoffwechselaktivitäten statt, die von unserem Körper immer im Gleichgewicht gehalten werden. Dieses Gleichgewicht kann durch Gifte aber massiv gestört werden, was dann zu Erkrankungen und auch zum Tod führen kann.

Eines der heute wohl am meisten geduldeten Gifte ist das Einatmen von Rauch. Pflanzen zu verbrennen und die dabei entstehenden Rauchdämpfe einzuatmen hat eine lange Tradition und wir finden es in allen alten Kulturen der Menschheit. Heute allerdings ist es in der westlich-zivilisierten Welt zu einer Art Unsitte geworden, solche Kräuter in Form von Zigaretten anzubieten, die dann von vielen Menschen gedankenlos und regelmäßig konsumiert werden.

Die von einem normalen Raucher immer wieder eingeatmeten Stoffe verunreinigen den gesamten Organismus und belasten die im Körper ablaufenden Regelkreise schwer. So ist es kein Wunder, dass Krankheiten wie Lungenkrebs, Raucherbein und viele mehr durch das Rauchen verursacht oder begünstigt werden.

Jede Zigarette, die ein Mensch achtlos anzündet, ist ein kleiner Selbstmord.

Obwohl es bekannt ist, dass jede Zigarette das Leben eines Menschen durchschnittlich um 11 Minuten verkürzt, werden diese 11 Minuten vom Raucher achtlos „weggeworfen". Am Ende des Lebens wird dann nicht selten um Verlängerung gewinselt. Wie viel einfacher wäre es gewesen, diese Gifte zu meiden.

Es macht keinen Sinn, absichtlich schmutzige Luft einzuatmen. Die Einwände, ein Mensch genieße den Geschmack einer Zigarette, mögen zutreffen, solange der Mensch die Zigarette in vollem Bewusstsein raucht. Dem gegenüber steht aber die Tatsache, dass die meisten Zigaretten sogar mehr oder weniger aus Gewohnheit und damit auch meist recht unbewusst angezündet werden. Und es gibt nicht wenige Menschen, die das Rauchen aufgeben möchten und an dieser Herausforderung immer wieder scheitern.

Eine der grundlegenden Fragen, die sich ein jeder Raucher stellen sollte, wäre diese: „Warum lasse ich es zu, dass ich meinen Körper gedankenlos diesen überflüssigen und unnützen Giften aussetze und damit in Kauf nehme, mein Leben durch zusätzliche Krankheiten zu bedrohen oder sogar vorzeitig zu beenden?"

Meist finden wir bei Rauchern ein starkes Defizit an Eigenliebe und Selbstwertschätzung.

Ein weit verbreitetes toxisches Nervengift steckt in Zahnfüllungen aus Amalgam und auch in Energiesparlampen: Quecksilber.

Jede Amalgamfüllung besteht zu 50 % aus Quecksilber und gibt dieses tödliche Gift auch ständig ab. Quecksilber kann im Körper die unterschiedlichsten Krankheitssymptome hervorrufen.

Daneben gibt es aber auch zahlreiche Gifte, die weniger deutlich unseren Körper vergiften können. Dies können Zusatzstoffe in Lacken sein, Pestizide, die wir oft genug freiwillig einsetzen, um Ungeziefer zu bekämpfen oder auch Lebensmittel, die wir im Übermaß zu uns nehmen, wie möglicherweise Kaffee oder Zucker.

Es lohnt sich ganz besonders, auch einen Blick auf die nächste wesentliche Komponente zu werfen:

**Ernährung:**

Unser menschlicher Körper arbeitet jeden Tag daran, die lebenserhaltenden Prozesse in uns auszuführen. Beginnend vom ersten Moment an ist unser Organismus bestrebt, dem Leben eine gute körperliche Grundlage zu bieten.

Doch wie beim Hausbau kann die Qualität unserer Baustoffe, also der Nahrung, die wir zu uns nehmen, darüber entscheiden, ob wir ein solides Bauwerk erschaffen, oder in einer vom Einsturz bedrohten Bruchbude leben.

Viele der heute hergestellten künstlichen Nahrungsmittel schaden dem Körper mehr, als sie ihm nützen. Auch hier gilt, ähnlich wie beim Rauchen, dass es keinen Sinn macht, Nahrungsmittel unbewusst oder gar bewusst aufzunehmen, die dem Organismus Schaden zufügen.

Wenn wir sagen: „Der gesunde Mensch darf alles essen", dann sollten wir auch sagen: „Der kranke Mensch sollte seine Nahrung bewusst auswählen."

Jeder Einzelne von uns steht irgendwo dazwischen. Niemand ist vollkommen gesund und so darf sich jeder selbst raten, die Nahrung, die aufgenommen wird, mit ein wenig mehr Bewusstsein auszuwählen.

Wir finden heute vor allem im Fleisch von Tieren viele Stoffe, die der Gesundheit des Menschen abträglich sind.

In der Aufzucht der massenweise produzierten Tierkörper werden eine Unzahl an Medikamenten eingesetzt, um die schwachen und kränklichen Tiere nicht vorzeitig verenden zu lassen – allem voran die Verwendung von Antibiotika. Und wie der Begriff es schon deutlich ausdrückt sind Antibiotika Stoffe, die gegen das Leben gerichtet sind.

Diese Stoffe nehmen wir oft bedenkenlos und manchmal auch billigend zu uns, wenn wir ein Schnitzel, eine Wurst oder andere tierische Erzeugnisse verzehren.

Auf der anderen Seite sollte sich der Mensch auch darüber im klaren sein, dass die tierunwürdige und oft sogar tierverachtende Aufzucht und Haltung durch den Kauf dieser industriell hergestellten Massenprodukte gefördert und unterstützt wird.

Durch die naturgemäß geltenden Gesetze des Universums spiegelt sich unsere Einstellung den Tieren gegenüber wider in der Einstellung der Natur zu uns.

In dem Maße, in dem wir die Tierwelt gedankenlos oder absichtlich missbrauchen, bekommen wir aus der Natur unsere Quittung, quasi als unseren wohlverdienten Ausgleich hierzu, überreicht.

Entwickelt der Mensch ein Bewusstsein für solche Zusammenhänge, dann wird ihm klar, wie wertvoll die innige Verbindung zur Natur ist und wie schädlich die Machenschaften derer für uns alle sind, die aus Beweggründen der Profitoptimierung das Leiden und Sterben ganzer Tierrassen billigend in Kauf nehmen.

Die Verantwortung, die jeder Einzelne von uns hier trägt, wirkt sich in jedem Falle ausgleichend auf jeden Einzelnen von uns aus. Ganz egal, ob uns das dabei bewusst wird, oder nicht. Der Ausgleich findet statt.

Einzig und alleine eine bewusste Korrektur hin zu einer natürlichen, guten und gesunden Einstellung der Pflanzen- und Tierwelt gegenüber kann und wird dazu führen, dass wir langfristig einen sinnvollen und gesunden Weg im Leben auf unserem Planeten einschlagen und gehen.

**Elektrosmog:**

Elektrische wie auch magnetische Felder können den menschlichen und auch den tierischen Organismus beeinflussen und beeinträchtigen.

Wie wir aus der Physik und der Chemie wissen, werden die Atome der einzelnen Elemente von einer unterschiedlichen Zahl von Elektronen umkreist.

Genau die selben Elektronen werden auch bei der Erzeugung von Strom genutzt. Jeder elektrische Strom erzeugt, wenn er fließt, sowohl ein elektrisches, als auch ein magnetisches Feld.

Und diese Felder sind in der Lage, die elektrischen und magnetischen Felder in lebenden Organismen zu beeinflussen.

Manche dieser Einflüsse können die Gesundheit nachhaltig stören, wenn sie stark genug sind.

Erste Anzeichen für „Elektrosensibilität" können Warnsignale wie Kopfschmerzen sein oder auch Müdigkeit trotz längerer Schlafperioden und das Gefühl, gerädert aus dem Bett aufzustehen.

Es macht durchaus Sinn, elektrische und magnetische Felder in unserem Umfeld (Wohnung, Arbeitsplatz, Schlafplatz) aufzuspüren, zu bewerten und gegebenenfalls zu minimieren oder ganz zu entfernen.

Dies führt uns auch sogleich zum nächsten Thema.

**Schlafplatz:**

Der Schlafplatz dient der Erholung des Menschen. In erster Linie der Erholung des Körpers, denn der Körper regeneriert im Schlaf und arbeitet an Prozessen im Körper, für die im Wachzustand nicht genügend Ressourcen zur Verfügung stehen. Werden diese Regenerationsprozesse gestört, dann fühlt man sich nach dem Aufwachen nicht wirklich erholt.

Auch die mentale Verfassung wird im Schlaf regeneriert. So werden Tageseindrücke im Schlaf, häufig über mehr oder weniger bewusste Träume, verarbeitet und manchmal werden auch Probleme im Schlaf „verdaut". Sind zu große Probleme im Tageslauf eingetreten, so arbeitet der Kopf auch im Bett weiter und verhindert unser Einschlafen. Hier gilt es dann insbesondere, abzuwägen, ob es wichtiger ist, dass der Kopf jetzt noch nach einer Lösung für die Probleme sucht oder ob es mehr Sinn macht, die Probleme für den Moment einfach loszulassen, um sich im Schlaf neue Kräfte zu sammeln und erst danach den weiteren Lösungsweg zu bearbeiten.

Grundsätzlich gilt in Bezug auf den Schlafplatz: Geht man abends müde zu Bett und wacht man morgens ausgeschlafen auf, dann ist alles in Ordnung.

Fühlt man sich hingegen am Morgen müder als am Abend zuvor, dann ist mit großer Wahrscheinlichkeit der Schlafplatz nicht in Ordnung und es wäre anzuraten, die Störquellen ausfindig zu machen.

Gerade in Bezug auf den Schlafplatz gibt es unzählige Möglichkeiten der Einflussnahme – allerdings macht nicht jede davon Sinn. Es lohnt sich, hier einen realistischen Blick zu wahren und auch Fachleute, wie zum Beispiel geprüfte Baubiologen, einzuschalten, um den Schlafplatz untersuchen und verbessern zu lassen.

Bereits der Lichtschalter auf Kopfhöhe am Bett kann zur Krankheitsursache werden. Ein Netzfreischalter kann hier für Abhilfe sorgen.

Dennoch ist beim Einsatz eines Netzfreischalters immer auch zu prüfen, ob die Strahlungsbelastung dadurch auch tatsächlich verringert wird, denn elektrische Felder können sich gegenseitig aufheben oder verstärken.

Hier sollte also auf jeden Fall eine Messprobe unternommen werden, um eine gewünschte Verbesserung auch zu verifizieren.

Eher spirituelle Methoden wie den Einsatz von Heilkristallen oder Mineralien zur Verbesserung des Schlafklimas sollte man grundsätzlich skeptisch betrachten.

Solche Methoden können helfen und unterstützen, jedoch, wenn es brennt, nützt es wenig, das Feuer alleine mit positiven Gedankenwellen löschen zu wollen.

Wir sollten immer zunächst versuchen, echte physikalische Ursachen zu beheben und können danach, wenn keine weitere Verbesserung mit annehmbarem Aufwand möglich erscheint, ergänzend Heilsteine oder Lichtwände einsetzen.

Wird die Physik jedoch nicht beachtet, dann erscheint die Wirkung von Heilsteinen eher fraglich.

Es gibt auch Beispiele, in denen eine Holzkugel, die für teures Geld zu erwerben ist, ungünstige und krankmachende Einflüsse verhindern soll.

Natürlich darf man diese Holzkugel nicht öffnen, sonst verliert sie ihre Wirkung. Bei dem hohen Preis versteht es sich von selbst, dass man also seine Neugier bremst und die Kugel nicht zerschlägt. Allerdings ist es schon vorgekommen, dass eine solche Kugel zu Boden gefallen und geplatzt ist. Heraus kamen ein paar kleine Bergkristalle und ein Jesus-Bildchen.

Was glauben Sie wohl, ob das Jesus-Bildchen, von dem der Besitzer nichts ahnen konnte, tatsächlich geholfen hat? Und was wäre gewesen, wenn der Besitzer ein Moslem, Jude oder gar ein Heide gewesen wäre?

Sie sehen selbst, wir kommen bald an Grenzen, die uns bei genauerer Betrachtung fragwürdig erscheinen.

Behalten Sie bei den Methoden rund um Ihren Schlafplatz bitte immer eine gewisse Skepsis. Das mag verhindern, dass Sie von unseriösen Menschen geleimt und ausgenommen werden.

Auch schnelle Schnäppchenangebote von Menschen, die Sie bisher nicht persönlich kannten, und die Ihnen nur heute einen besonders guten Barzahlungspreis für irgendwelche Matratzen anbieten, sollten Sie sehr hellhörig und auch hellfühlig werden lassen.

Es gibt auch hier Beispiele, dass Vertreter eine sogenannte „Erdungsmatte" anbieten, die auf das Bett gelegt und über die Steckdose mit der Erdung der Hauselektrik verbunden wird.

Die vorgeführte Messung zeigt ganz deutlich, wie zuvor vorhandene elektrische Felder nunmehr, unter Einsatz einer solchen Matte, gegen Null gemessen werden können. Der Vertreter verspricht Ihnen einen erholsamen Schlaf ohne weitere Beeinträchtigung durch vorherrschende elektrische Felder.

Betrachtet man diese Matten mit korrekten Meßmethoden, so stellt man erstens dabei fest, dass der Vertreter durch die Erdung seines Messgerätes einen groben Messfehler begeht. Er kann damit praktisch keine Felder mehr auf der Matte messen.

Das Messergebnis ist damit natürlicherweise beeindruckend gering, jedoch absolut falsch.

Realistisch wäre es, anzugeben, dass sämtliche elektrischen Felder, die sich im Schlafzimmer befinden, zur Erdung hingezogen werden und bei ihrem physikalischen Bestreben, über die nächstmögliche Erdung abzufließen, zuvor den Körper des Schlafenden durchqueren müssen.
Die Beeinträchtigung des Schlafenden durch elektrische Felder wird sich also auf einer solchen Erdungsmatte in jedem Fall erhöhen anstatt sich zu verringern!
Gleichzeitig liegt der Schlafende auf seiner Erdungsmatte auf einer lebensgefährlichen „Kurzschlussmatte", denn sollte ein Überschlag oder eine elektrische Entladung im Schlafzimmer stattfinden, etwa durch ein fehlerhaftes Gerät, dann wird auch dieser Stromschlag mit unverminderter Kraft über den Körper des Schlafenden an die Erdung weitergeleitet. Und das kann tödlich enden.

Wenn Sie also unsicher sind, ob eine angebotene Maßnahme auch wirklich und realistisch gesehen in der Lage ist, Ihren Schlafplatz zu verbessern, dann holen Sie sich bitte fachmännischen Rat.

Sie werden sich in vielen Fällen Hunderte oder gar Tausende von Euros sparen können.

Eine physikalisch anerkannte Meßmethode für Wasseradern oder andere unsichtbare Felder aus der Natur gibt es nicht. Hier kommen meist Ruten, Pendel oder Tensoren zum Einsatz.
Es gibt sehr gute Rutengänger, jedoch treten in über 95 % der Fälle immer wieder unterschiedliche Messergebnisse auf.

Häufig werden Störfelder von Rutengängern genau über dem Bett gemessen.

Untersuchungen haben ergeben, dass es dabei keine Rolle spielt, wenn das Bett vor dem Messversuch ohne Wissen des jeweiligen Rutengängers immer wieder umgestellt wurde.

Auch hier ist eine gesunde Skepsis durchaus angebracht. Wir wollen und wir sollten nicht alles glauben, was uns jemand gerne verkaufen möchte.

Lernen Sie, auf Ihre innere Stimme zu hören und lassen Sie durchaus auch Ihre Zweifel zu!

Wenn Sie aufmerksam suchen, dann werden Sie die für Sie ganz persönliche und bestmögliche Verbesserung für Ihren Schlafplatz zu einem angenehmen Preis sicher finden! Handeln sie wohlüberlegt oder aus dem Bauch heraus, dabei jedoch stets so, dass Sie mit einem guten oder sehr guten Gefühl aus der Sache herausgehen können.

Alles andere sollten Sie meiden.

**Allergene:**

Beinahe jeder Stoff im Universum kann eine Allergie auslösen. Die Auswirkungen einer Allergie können unterschiedlich sein, wie zum Beispiel ein Jucken am Körper oder im Hals, Rötung der Haut bis hin zum Hautausschlag, Tränen der Augen und vieles mehr. Es können derart starke allergische Reaktionen auftreten, dass die betroffene Person zum Beispiel auch am allergischen Schock verstirbt.

Ein Mensch, der von einer Allergie betroffen ist, sollte herausfinden, welcher Stoff oder welche Stoffe bei ihm eine allergische Reaktion hervorrufen, damit diese Stoffe gemieden werden können.

Im nächsten Schritt ist es sinnvoll, sich zu fragen, welche Lernaufgaben oder Themen für die Betroffenen mit genau diesen Stoffen verbunden sind.

So ist zum Beispiel eine Pferdehaar-Allergie ein Hinweis auf das Thema „Freiheit". Irgendwo und irgendwie wird die „Freiheit" im Leben des Betroffenen nicht so gelebt, wie es der Person auf der geistigen oder seelischen Ebene entspricht. Das Thema Freiheit kann sehr vielschichtig sein. Es wäre in diesem Beispiel möglich, dass die Freiheit unserer betroffenen Person von irgend jemandem unterdrückt wird – sei es Lebenspartner, Chef, Arbeitskollegen oder irgendwelche Verwandten, welche das Problem verursachen.

Bei einer Allergie lohnt es sich immer auch die Frage zu stellen: „Gegen WEN bin ich allergisch?" Kennt man das zu Grunde liegende Thema und findet man den auslösenden Menschen, dann sind das die ersten wichtigen Schritte zur Beseitigung der Allergie.

Auch Umwelteinflüsse treten zunehmend über Allergien in Erscheinung. Pestizide reizen über die Luft die Augen oder über einen Apfel die Lippen.

Gefährlich kann es werden, wenn sich die Allergie nicht nach außen, also über die Haut oder über die Atemwege, deutlich zeigt, sondern wenn sich die Allergie nach innen richtet und dort zum Beispiel die enorm wichtige Darmflora angreift. Durchfälle oder Magenverstimmungen können ein erstes Anzeichen für eine innere Allergie sein.

Im Folgenden widmen wir uns ein paar Gedanken zu **Krankheitsursachen auf der seelischen Ebene**:

**Probleme mit dem Leben:**

Ein Mensch, der mit seinem Leben nicht zurecht kommt, kann ebenfalls sehr leicht Krankheiten entwickeln.

Wenn wir Krankheiten als Signale zur Umkehr verstehen, dann wird es uns deutlich, dass auch zwischenmenschliche Probleme der unterschiedlichsten Art zu Krankheiten führen können.

Wir kennen alle die Beispiele von Menschen, die sich krank geärgert haben, die vor lauter Sorgen oder Stress ein Magengeschwür entwickelt haben oder die einen derartigen Groll in sich tragen, ihn aber nicht herauslassen, dass der Körper irgendwann sogar mit Krebs reagiert.

Der Hilfeschrei einer Krankheit kann so weit gehen, dass der Körper schließlich sogar daran stirbt.

In diesem Zusammenhang kann auch das Thema „Koma" gesehen werden.

Ein Mensch, der sich vor scheinbar unlösbaren Problemen befindet und im Kopf schon alles mögliche durchgedacht hat, aber keine echte Lösung erreichen kann, nähert sich unweigerlich der Gefahr, einen Unfall mit Koma-Folge zu erleben. Durch das Koma kann der ruhelose Kopf endlich abgeschaltet werden und die Seele nimmt sich eine Auszeit.

Während dieser Auszeit befindet sich die Seele in einem geistigen Schwebezustand zwischen Leben und Tod. Dieser Zustand wird als sehr glücklich und befriedigend empfunden, so dass die Seele generell keinen großen Anlass findet, ins irdische Leben zurückzukehren. Zumal dort ja diese unlösbaren Probleme warten.

Ein paar Beispiele können das verdeutlichen: Ein Mann hatte große Probleme mit seinem Bruder. Die beiden sprachen nicht mehr miteinander und jeder Versuch der Versöhnung war bisher gescheitert. Der Mann, der unter dieser Situation litt, fiel eines Tages von der Leiter und lag ab dann im Koma. Die Ärzte wussten nicht, ob er überhaupt wieder aus dem Koma erwachen würde.

Die Klärung der Probleme durch einen Besuch des Bruders im Krankenhaus, der dem im Koma Liegenden dort glaubwürdig versicherte, dass der alte Streit begraben wäre, brachte schließlich die Wende: Der Koma-Patient erwachte schon am nächsten Tag.

Ein weiteres Beispiel ist das eines kleinen Mädchens, das nach einem Autounfall im Koma lag. Hintergrund des Problems war die Trennung der Eltern und erst als beide Elternteile sich verständigt hatten, künftig nicht mehr zu streiten und sich fortan wieder liebevoll um die gemeinsame Tochter zu kümmern, erwachte das Mädchen.

Ein etwas dramatischeres Beispiel ist das einer jungen Italienerin. Der Vater der jungen Frau war sehr streng und verbot seiner Tochter den Umgang mit Männern. Er mischte sich massiv in die Entscheidungen seiner Tochter ein und beschnitt ihre Freiheiten. Das Mädchen sah keinen Ausweg, verfiel immer wieder in epileptische Anfälle, die schließlich im Koma endeten.

Ein Vermittlungsgespräch des Bruders mit dem Vater erreichte schließlich das Versprechen, der Tochter künftig mehr Freiheiten zu gewähren.

Die Tochter erwachte wenig später aus dem Koma.

Als der Vater dann allerdings sein Versprechen wieder vergaß und seine Tochter erneut unter Druck setzte, dauerte es nur wenige Tage bis die Tochter verstarb.

An diesem tragischen Beispiel sehen wir, wie wichtig einer Seele die Themen sein können, die zu einem Koma führen.

**Unfälle und Schicksalsschläge:**

Unfälle und Schicksalsschläge sind gleichwohl deutliche Indikatoren, dass etwas im Leben des betroffenen Menschen falsch läuft – aus Sicht der Seele.

In allen Ereignissen ist ein tieferer Sinn verborgen. Es kann sehr lohnend sein, nach den geistigen Ursachen für einen Unfall oder einen Schicksalsschlag zu suchen.

Jede dabei gewonnene Erkenntnis führt uns näher an die Basis, an den Ursprung, an die Quelle unseres eigenen Selbst.

**Schockerlebnisse:**

Schockerlebnisse verursachen Angst. Erlebt ein Mensch ein solches Schockerlebnis, dann speichert sich diese Information tief in seinem Unterbewusstsein bzw. in seinen feinstofflichen Körpern ab.

Im Bereich der Reinkarnation (Wiedergeburt) geht es sogar so weit, dass ein Schockerlebnis, das damals zum Tode geführt hat, auch in den folgenden Leben noch seine Spuren zeigt.

Stirbt jemand zum Beispiel durch einen Sturz aus großer Höhe, dann erlebt ein solcher Mensch in den darauf folgenden Reinkarnationen eine Höhenangst.

Die Seele hat die Information „Sturz aus großer Höhe führt zum Tod" abgespeichert, die Angst bleibt als Warnsignal und alarmiert uns dann auch in Situationen, die überhaupt nicht gefährlich für uns sind.

Jede Form von Angst hat zur Folge, dass wir verkrampfen, dass sich alles in uns zusammenzieht und – sofern wir massiver Angst über einen längeren Zeitraum ausgesetzt sind – dass wir dadurch seelisch und schließlich auch körperlich krank werden.

Daher ist es so wichtig, zu verstehen, woher solche Ängste kommen, zu erkennen, ob diese Ängste begründet sind, und dann geeignete Maßnahmen zu treffen, um mit diesen Ängsten sinnvoll umzugehen.

Ein anderes Beispiel mag sein, dass jemand einen Verkehrsunfall hatte.

Anschließend zeigt sich in den unterschiedlichsten Situationen im Straßenverkehr immer wieder die Angst, so etwas könnte noch einmal passieren.

Sicher hat die Angst eine warnende, aufmerksam machende Aufgabe, die helfen soll, gefährliche Situationen für Leib und Leben zu verhindern oder zu vermeiden. Daneben kommt es aber auch zu Begleiterscheinungen, die wir nicht in jedem Falle haben möchten.

Wenn die Angst zu stark wird und über das Maß der reinen Meldefunktion hinausgeht oder uns auch in Situationen vorsorglich alarmiert, die für uns doch eher alltäglich sein sollten, dann erhöht sich unser Stresspegel im Körper und auch das kann uns wiederum krank machen.

Ein einmal stattgefundenes Schockerlebnis hinterlässt also immer bleibende Spuren. Dabei kann es unterschiedlich wirksam sein, ob sich diese Spuren für uns als Signale zeigen, die uns helfen, gefährliche Situationen bewusster zu erleben oder ob die Signale eine überproportionale Größe annehmen, die uns eher schadet.

Ein erster wichtiger Schritt ist es, zu erkennen, welche Ursache der Angst zu Grunde liegt. Das ist der erste Schritt in die richtige Richtung.

Das hilft, die Angst so zu dimensionieren, dass sie eine angemessene Reaktion in uns hervorruft, ohne uns zu sehr zu alarmieren, zu lähmen oder gar krank zu machen.

Eine Spinnenphobie kann daher rühren, dass jemand in seinem Vorleben in einem Kerker gefangen war und ihm die Spinnen jeden Tag über den Körper gekrabbelt sind, sobald sich der Mensch am Boden befand, um sich auszuruhen. Ein derartig anhaltendes Gefühl von Ekel und Abscheu kann in den folgenden Leben als Angst oder Phobie, die dann völlig übertrieben ist, auftreten.

Wird dem Menschen bewusst, woher seine Spinnenphobie kommt, dann kann diese Angst langsam und kontinuierlich wie von selbst verschwinden.

Andere Schockerlebnisse können die Ursache für Allergien sein.

In einem Fall musste eine Frau mit ansehen, wie sich ihr Ehemann in nächster Nähe erschossen hat. Ab diesem Moment traten heftigste allergische Reaktionen auf, wenn die Frau zum Beispiel ein Brötchen gegessen hatte.

Diese Allergie konnte mit nur einer einzigen geistig-energetischen Behandlung und dem dazugehörenden Gespräch, bei dem die Ursachen und Zusammenhänge aufgedeckt und bewusst gemacht wurden, geheilt werden.

Die Seele hat verstanden, dass keine Schuld an der Tat vorlag und hat akzeptieren können, dass nun, nach der Zeit des Grauens, des Schreckens und der Trauer auch die Erlaubnis da war, wieder ein normales Leben zu führen.

Schockerlebnisse sind auch auf der feinstofflichen Ebene unserer Energiekörper messbar. Sie hinterlassen dort Störungen, die auch den harmonischen Energiefluss in uns durcheinander bringen oder zumindest stören.

Auch solche Störungen in unseren Energiekörpern können mit energetisch-geistigen Methoden wieder harmonisiert werden, wenn die Seele des betroffenen Menschen dies zulässt.

**Probleme mit der Schöpfung:**

Auch Probleme mit der Schöpfung können Krankheiten begünstigen. Menschen, die jegliche geistige Komponente im Universum ablehnen, etwa keine Gottesvorstellung haben oder sogar einen inneren Groll gegen ihren Gott hegen, stellen sich damit gegen die natürlichen Gesetze des Universums oder außerhalb dieser Gesetze.

Die Gesetze des Universums sind in erster Linie jedoch zur Unterstützung der Menschen, ja jeglichen Lebens, gedacht. Folglich schneidet sich ein Mensch, der den zugrunde liegenden Schöpfungsgedanken ablehnt, selbst von seiner Heilung ab.

Oft finden wir bei solchen Menschen eine depressive Grundstimmung vor. Wenn das Urvertrauen in die Schöpfung, in einen Gott oder eine geistige Welt fehlt, dann steht der Mensch alleine da und ohne Licht.

In dieser Dunkelheit ist ein weiteres Verirren leicht.

**Karmische Ursachen:**

Krankheiten können auch karmische Ursachen haben, also ihre Wurzel in einem früheren Leben finden lassen.

Es wäre wichtig die Zusammenhänge von „Schuld und Karma" zu verstehen.

Eine Seele, die in einem früheren Leben einen schweren Fehler gemacht hat – in der Regel eine lieblose Tat oder eine Tat, bei der andere Menschen ungebührlich verletzt wurden – wird im nächsten Leben versuchen, eine ausgleichende Erfahrung zu machen.

Und so kann es sein, dass schon bei der Geburt besondere Merkmale zu erkennen sind, die auf eine „angeborene" Krankheit hinweisen, die möglicherweise in einem Vorleben verursacht wurde.

Die Zusammenhänge können auch hier sehr vielschichtig und komplex sein. Wenn wir versuchen wollen, solche Konstellationen zu verstehen, dann nähern wir uns bei der Bewertung der Sachverhalte am sinnvollsten mit einer liebevollen und verständnisvollen Haltung an.

Alles, was im Universum bewertet wird, geschieht im Licht der geistigen Welt aus einer liebevollen Betrachtungsweise heraus. Aus der Liebe heraus versteht ein Mensch daher auch am schnellsten, besten und einfachsten die großen Zusammenhänge.

Es gibt keine Schuld und kein Verurteilen. Nur wenn wir uns davon frei machen, einen Richterspruch zu sprechen, haben wir eine echte Chance, den Sinn hinter dem Offensichtlichen zu verstehen.

Alle Gefühle jenseits oder neben der Liebe können unseren Blick trüben.

In der liebevollen Zuwendung erkennen wir alles am effektivsten.

**Fremde Wesenheiten, Verstorbene und andere Energieformen:**

Auch fremde Wesenheiten, Verstorbene und andere Energieformen können für einen Menschen zur Belastung werden, an der er erkrankt.

Nicht selten hängen sich Verstorbene an einen Lebenden und versuchen, über alle möglichen und denkbaren Maßnahmen, Einfluss auf den Menschen auszuüben. Die Ziele, die dabei verfolgt werden, können sehr engstirnig und egoistisch sein. Ein Verstorbener, der den Weg ins Licht noch nicht gegangen ist, hat noch keinen Zugang zur allwissenden und allverstehenden Matrix des Universums. Es fehlt daher meist die höhere Einsicht in die sinnvollen Zusammenhänge.

Gleichwohl kann man auch an dieser Stelle anmerken, dass alles im Universum Sinn macht. Damit ist auch das begrenzte Weltbild und das dadurch begründete fehlerbehaftete Verhalten einer verstorbenen Seele durchaus sinnvoll im Gesamtzusammenhang.

Es kann dabei aber zu Erkrankungen führen, die wir als Beteiligte durchaus gerne heilen wollen und auch heilen dürfen.

Und letztlich finden wir auch **Krankheitsursachen auf der geistigen Ebene:**

Auf der seelischen Ebene werden Krankheitssignale gesendet, die von der Seele in dem Bewusstsein erschaffen werden, dass eine nötige oder sinnvolle Korrektur angestrebt werden möchte. Die Seele steuert und weiß, was getan werden kann oder sollte, um eine solche Korrektur einzuleiten. Bleibt diese Korrektur aus, dann werden die Signale stärker, bis hin zum Tod.

Krankheiten, die auf der geistigen Ebene entstehen, liegen außerhalb dessen, was die Seele noch versteht. Wir dürfen die Seele als den Steuermann des Geistigen verstehen. Damit hat sie eine hohe Instanz inne.

Kommt die Krankheit aus dem geistigen Bereich, dann wird die Seele dabei übersteuert. Geistige Krankheiten sind schwer mit energetischen Methoden zu heilen, da sie nicht der Kontrolle und Steuerung der Seele unterliegen. Die Seele kann Heilung über die energetischen Systeme des Menschen, wie das Meridiansystem oder die Chakren, zulassen.

Wird die Seele vom Geist übersteuert, so funktioniert dieses seelische Regelwerk nicht mehr länger.

Der Geist eines Menschen, der „krankhaft" geworden ist, befindet sich enorm weit von seinem eigentlichen Pfad entfernt.

Der menschliche Geist, der eine Krankheit auslöst, hat das Vertrauen in die sinnvollen Regelkräfte der Seele verloren und versucht nun selbst etwas zu steuern, was er nicht steuern sollte.

Der Geist sollte im Einklang mit Seele und Körper sein. Die Seele gibt körperliche Signale an uns, damit wir Probleme erkennen, verstehen und korrigieren können.
Der Geist gibt seine Signale an die Seele. Wird die Seele in diesem Prozess übergangen, dann entsteht eine gefährliche Ausnahmesituation, die letztlich dazu führen kann, dass die Seele sich verirrt und verrennt.

Die Krankheit eines menschlichen Geistes kann folglich nur über einen noch höheren Geist geheilt werden. Hier wird das Eingreifen einer höheren geistigen Instanz nötig, zum Beispiel einer geistigen Gruppenintelligenz oder anderer geistiger Wesen, die eine Geistes-Korrektur vornehmen können und dürfen.

Eine Korrektur wird allerdings nur dann erfolgen, wenn es dafür sinnbehaftete Zusammenhänge gibt.

Die Geisteskrankheit stellt damit eine besonders schwere Ausnahmeerkrankung beim Menschen dar.
Sie kann die gesamte Existenz der Bewusstseinsanteile eines Menschen auf Abwege führen, weg vom Licht und weg von der Liebe.

Zusammenfassend können wir feststellen, dass die natürliche Harmonie der Schöpfung immer bestrebt ist, einen gesunden Zustand zu erhalten oder wieder zu erreichen.
Jede Krankheit ist eine Abweichung vom harmonischen Grundgedanken der Schöpfung.

Als bewusste und intelligente Lebensformen dürfen wir Menschen all unsere Krankheiten durchaus als Herausforderung und als Aufforderung verstehen, die Hintergründe für solche Erkrankungen aufzudecken, um daraus zu lernen. Wir dürfen selbst versuchen, solche Krankheiten zu heilen, da dies ein sehr guter möglicher Weg ist, wie wir uns selbst kreativ in der Schöpfung einbringen und entfalten können.

Dies ist in jedem Falle sinnvoll und durchaus von der Schöpfung so gewünscht.

Die Seele des betroffenen Menschen ist die Instanz, die letztlich im Zusammenspiel der Sinnhaftigkeiten des Universums darüber entscheidet, ob die Heilungsansätze und Versuche zum Erfolg führen und eine Heilung einleiten können, oder ob die Seele für den Menschen möglicherweise auch einen anderen Weg, noch tiefer in die Krankheit oder sogar in das große Mysterium des Todes, vorgesehen hat.

Wir dürfen unterstützen, wir dürfen forschen und versuchen zu verstehen, um zu helfen.

Doch letztlich sollten wir auch lernen, die Ergebnisse, die auch von der Seele des betroffenen Menschen und von den sinnvollen Gesamtzusammenhängen der Schöpfung mit gesteuert und bestimmt werden, anzunehmen und in Demut zu akzeptieren.

Ein Mensch, der in Harmonie mit der Schöpfung lebt, der seine spirituellen Möglichkeiten bewusst erlebt und übt, wird immer wieder auch Gelegenheiten erhalten, sein Vertrauen in die geistige Welt zu erproben und zu erfahren.

Hat ein Mensch einmal damit begonnen, sich dem spirituellen Weg in Liebe, Bewusstheit und Achtsamkeit zu nähern, wird er immer wieder neue interessante Erfahrungen sammeln können, die ihm dabei helfen können, das Mysterium des Zusammenspiels der Schöpfungskräfte noch besser zu verstehen.

# Woher kommt die Heilenergie?

Menschen, die mit heilenden Energien arbeiten, tun dies mit verschiedenen Methoden. Nehmen wir an, die Heilenergie wird über die Hände übertragen, so kann diese Energie direkt aus dem Universum selbst entnommen werden.

Viel wichtiger, als die Frage, woher die Heilenergie kommt, ist die Frage, wie der Heilvorgang, bzw. die Übertragung der Heilenergie selbst, überhaupt funktioniert.

Zunächst wird sich der Heiler oder die Heilerin entspannen und über die Methoden, die er oder sie erlernt haben, in die Bereitschaft versetzen, in einem entspannten Zustand Heilenergie fließen zu lassen.

Man spürt in die Hände hinein, legt die Hände am Patienten auf den betroffenen Körperteil, in die Nähe des betroffenen Organs oder in einem gewissen Abstand dazu zum Beispiel vor und hinter ein Chakra. Dann wird das Fließen der Heilenergie visualisiert. Hierbei stellt man sich vor, wie die heilende Energie direkt aus dem Universum in eine der beiden Hände zufließt, von dort über oder durch den zu behandelnden Bereich (Körperteil oder Organ) und von dort über die zweite Hand zurück ins Universum.

Der Energiefluss kann dabei von oben in das Kronenchakra der Person, welche die heilende Energie einsetzt, einfließen, durch den eigenen Körper bis in die abgebende Hand, über den Patienten zurück in die aufnehmende Hand und über das Wurzelchakra wieder zurück ins Universum oder in die Erde.

Sitzt die übertragende Person also mitten im Energiestrahl, dann wird das oft als sehr erfrischend und belebend empfunden.

Daneben ist es auch möglich, dass die behandelnde Person die Heilenergie aus dem eigenen Energievorrat schöpft. Dies wird dann eher als ermüdend empfunden und die eigenen Energiereservoirs müssen sich nach einer durchgeführten Heilbehandlung erst wieder regenerieren. Bei dieser Methode sei noch angemerkt, dass eigene Energien auch immer nur die eigenen Frequenzen enthalten, so wie auf einer bestimmten CD auch nur bestimmte Lieder abgespeichert sind. Nur aus diesem Vorrat, also aus diesen Frequenzen kann geschöpft werden.

Wird die Heilenergie direkt aus dem Universum empfangen, dann stehen sämtliche Frequenzen und feinste Nuancen zur Verfügung. Entsprechend leichter wird es für die Seele des Patienten sein, die genau für ihn passenden Energien aus dem an ihn übertragenen Energiefluss herauszufiltern oder anzunehmen.

Eine weitere Methode besteht darin, zu visualisieren, wie die heilende Energie aus dem Universum direkt über die Hände ein- und ausfließt. Sie durchquert dabei nicht den Körper des Heilers oder der Heilerin, sondern läuft direkt über den Handrücken zum abgebenden Handchakra in der Handinnenfläche, von dort in den Patienten und vom Patienten in das Handchakra der aufnehmenden Hand, und von dort über die Handaußenfläche wieder zurück ins Universum.

Allen Methoden gemeinsam ist es, dass ein Energiefluss erzeugt wird, der eine genau definierte Richtung hat – aus der Quelle zum Patienten über den betroffenen Körperteil oder das betroffene Organ und von dort zurück zur Quelle.

Der dabei erzeugte Energiefluss ist es, der gleichsam das Wasser in die Wüste trägt oder die heilenden Informationen an die Stellen bringt, an denen die Energie benötigt wird.

Dort können die heilenden Informationen aufgenommen werden, um die Selbstheilungskräfte zu initialisieren, zu fördern oder zu aktivieren.

Der Energiefluss selbst wird dabei häufig als Lichtfluss visualisiert, meist auch mit einer bestimmten, zur Situation passenden Heilfarbe.

Die Heilenergie trägt die Schöpferkraft in sich, die im gesamten Universum gleichsam als Bauplan allen Dingen zu Grunde liegt. Man kann sie als göttliche Energie oder als universelle geistige Energie oder auch als Lichtenergie bezeichnen.

Sie kommt genau aus der Quelle, aus der alles kommt.

Heilenergie kann auch rein geistig übertragen werden, also ohne den Einsatz von heilenden Händen.
Dabei visualisiert der Heiler oder die Heilerin den Vorgang der Energieübertragung lediglich in Gedanken. Auch diese Übertragung ist sehr effektiv möglich. Entfernungen zwischen Heiler oder Heilerin und Patienten spielen dabei keine Rolle.

So wie wir uns in Gedanken ohne Zeitverzug auf eine Insel in der Karibik oder an jeden beliebigen Ort der Welt versetzen können – wir denken an den Ort und schon sind wir in Gedanken dort – genauso wird die heilende Energie ohne zeitliche oder örtliche Grenzen überallhin übertragen.

Die Gedanken alleine sind das Medium. Die Gedanken alleine nutzen die Schöpferkraft der heilenden Energien. Die Gedanken alleine formen und gestalten die gewünschte Entwicklung – den Weg des Patienten zur Heilung.

Die Heilenergie steht allen Lebewesen zur Verfügung. Jeder Mensch kann lernen, diese Energien zu übertragen, unabhängig von Rasse oder Religion, ja sogar unabhängig von Gesinnung und Charakter.

Es bedarf lediglich des Erlernens der Techniken, der Entspannung über die Meditation, die Schulung der Visualisierungsfähigkeiten und der Gedankenführung.

Jeder Mensch, der das Interesse in sich findet, um den spirituellen Weg der heilenden Energiearbeit zu beschreiten, kann diesen Weg gehen. Einzig das Talent, die innere Stimme wahrzunehmen und die sanften geistigen Impulse, die auch aus der geistigen Welt kommen von unseren geistigen Helfern, zu empfangen und umzusetzen, kann unterschiedlich stark ausgeprägt sein. Doch was dem Einen zufliegt ist auch dem Anderen möglich durch Übung zu erlernen.

Der spirituelle Weg, mit heilenden Energien zu arbeiten, bereitet Freude und lässt die Menschen auch einen Sinn für die größeren, man könnte sogar sagen göttlichen Zusammenhänge in unserer Welt erahnen oder erfahren.

Was zu Beginn noch als Wunder erscheint wird mehr und mehr zur Normalität im Umgang mit den Heilenergien. Und doch gelangt man ebenso zur Erkenntnis, dass sich nichts erzwingen lässt, dass letztlich jeder Mensch auf der Seelenebene seine ganz persönlichen Reaktionen auf die Heilbehandlungen zeigen wird. Und die Erkenntnis, dass das Ergebnis, egal, wie es ausfällt, gut ist und nichts Falsches geschehen kann, stellt sich genauso ein, wie ein immer tieferes Vertrauen in die geistigen Helfer, die wir bei der geistig-energetischen Arbeit je nach unseren ganz persönlichen Methoden und Maßnahmen mit einbinden können.

# Heilung auf verschiedenen Ebenen

Ein gebrochener Knochen wird auf der körperlichen Ebene geschient und so fixiert, dass er wieder in der richtigen Position zusammenwachsen kann. Wir können annehmen, dass hier auf der körperlichen Ebene geheilt wird.

Die Übertragung von Heilenergie auf das Chakrensystem wiederum geschieht eher auf einer geistigen Ebene, wird allgemein angenommen.

Bachblüten und Homöopathie zielen eher auf die seelische Ebene ab.

Im Grunde ist es allerdings viel einfacher.

Da wir wissen, dass im Allgemeinen (wenn wir die Geisteskrankheit als den schlimmsten Fall einer Erkrankung außer Betracht lassen) Krankheiten als „Sprache der Seele" zu verstehen sind und in den Krankheiten eben auch Botschaften der Seele enthalten sind, dann können wir daraus sehr einfach folgern, dass die Seele auch bei der Heilung ihre Zustimmung geben wird, damit diese funktioniert.

Eine Seele, deren Signale – welche sie über das jeweilige Krankheitsbild schickt – nicht angenommen werden, deren Botschaft nicht verstanden oder sogar abgelehnt wird, wird sich auch hartnäckig sträuben, eine Heilung zuzulassen.

Letztlich folgt daraus, dass jede Heilung doch mehr oder weniger auf der seelischen Ebene beginnt.

Ein Knochen wird nicht richtig zusammenwachsen, wenn die Seele sich sträubt.

Eine Krankheit wird immer wieder ausbrechen oder durchbrechen, solange die Seele dafür einen Grund zur Veranlassung sieht.

Erst wenn wir es schaffen, auf der seelischen Ebene in die Harmonie zu gelangen, dann wird der Heilungsprozess einen positiven Verlauf nehmen.

Es gibt Ausnahmen, allerdings sind hierfür dann andere Sinn-Zusammenhänge vorhanden, die einem höheren Zweck dienen können. Dann kann es eben vorkommen, dass eine Heilung nicht erfolgen wird, auch wenn die Seele in Harmonie mit dem Leben und den Umständen des betroffenen Menschen steht.

Krankheiten, die zum Sinn haben, anderen Menschen ein Lernbeispiel zu geben, oder die zum Sinn haben, Gnade, Liebe oder Mut zu erfahren, um nur ein paar Beispiele zu nennen, bleiben hartnäckig, oft bis zum Tode, ohne Heilung.

Durch den darin enthaltenen Sinn erfährt die Situation dann etwas Berührendes, Bewegendes oder gar Erleuchtendes, wenn der Mensch erkennt, wozu die Krankheit nütze war.

# Heilende Hände, heilende Gedanken

Wenn wir lernen und erfahren möchten, wie wir geistige Energien oder heilende Energien einsetzen können, wenn wir also mit „Heilenden Händen" arbeiten möchten, dann brauchen wir hierfür ein paar sinnvolle Methoden, um uns den Einstieg zu ermöglichen.

## Meditation

Für die eigene Ausbildung zum geistig-energetisch arbeitenden Heiler oder zur Heilerin ist Meditation eine sehr sinnvolle Methode.

Über das Erlernen von Entspannungszuständen, die Übungen, diese Entspannungszustände auch im Wachzustand schnell und sicher herbeizuführen und mit Hilfe innerer Bilder, können wir sehr gute Erfahrungen sammeln und auch gute Fortschritte machen.

Die inneren Bilder, die wir in Meditationen erhalten, entspringen unserem innersten Kern, unserer inneren Harmonie oder auch Disharmonie. Sie treten unverfälscht in unser Bewusstsein und können nach der Meditation von geschulten Trainern auch für uns gedeutet werden.

Es zeigt sich ein effektiver Weg, unsere eigenen spirituellen Fähigkeiten gezielt zu fördern und unsere Entwicklung zum/zur Heiler/in voranzubringen.

Beginnen sollten wir mit einer hierfür geeigneten Entspannungsmeditation, wobei die Methode der „geführten Meditation" mit leiser Hintergrundmusik sehr erfolgreich angewendet werden kann. Übt man alleine kann auch eine CD mit gesprochenem Text angehört werden.

Die Anwesenheit eines geübten Sprechers, der sich flexibel auf die Meditierenden einstellen und an die jeweilige Situation anpassen kann und dabei auch Texte verändert, um spontan sinnvolle Nuancen zu setzen, darf als empfehlenswert betrachtet werden.

Meditation ist eine sanfte und doch wirkungsvolle Methode, um innere Türen zu öffnen, die uns den Weg zu unserer eigenen Spiritualität frei machen.

Mit Hilfe der Meditation können wir erfahren, wie es sich „anfühlt", wenn wir unsere Hände auf die Übertragung von heilenden Energien einstimmen. Wir visualisieren und erfühlen dabei diese Energien.

Dieses „Erfühlen" ist ein ganz wesentlicher Baustein bei der energetischen Arbeit, denn durch das Hinfühlen trainieren wir unsere feinen inneren Sensoren. Wir werden sensibilisiert für die feinen Empfindungen, die bei der Energieübertragung auftreten können, sei es ein Kribbeln, ein Pulsieren, Wärme oder Kälte.

### Visualisieren

Das Visualisieren kann während oder in einer Meditation genutzt und geübt werden, aber durchaus auch außerhalb einer Meditation. Wenn wir mit heilenden Energien arbeiten, dann können wir diese Energien über unsere Hände zum Patienten, zum betroffenen Organ oder zum Chakra, das wir damit unterstützen möchten, fließen lassen.

Daneben ist es aber auch sehr wirkungsvoll, wenn wir gleichzeitig mit unseren inneren Augen visualisieren, wie die Energie fließt. Wir können uns das so wirklich, wie nur irgendwie möglich, vorstellen, am besten auch mit einer geeigneten Heilfarbe.

Je mehr visuelle Bilder wir „erzeugen" oder auch intuitiv und ohne unser Zutun „empfangen", um so leichter kann die Aktivierung der Selbstheilungskräfte beim Patienten einsetzen.

Visualisieren bedeutet also auch gedankliche Arbeit, die beim Heilvorgang sehr effektiv sein kann. Wir dürfen immer daran denken, dass sich alle unsere Gedanken in die Realität umsetzen möchten. Alles, was wir in Gedanken formulieren oder visualisieren, möchte sich verwirklichen. Daher ist ein positives und vertrauensvolles Denken für uns Menschen so wichtig.

Stellen wir uns also vor, wie ein krankes oder geschwächtes Organ mit heilender Energie versorgt wird, wie es wieder eine gesündere Farbe bekommt und wie es wieder vital und kräftig wird, wobei wir das Organ vor unserem geistigen Auge sehen, wie es aktiv und gesund arbeitet, dann haben diese inneren Bilder und Gedanken eine enorme Kraft und können, wenn es die Seele des Patienten zulässt, selbst eine wundersame Spontanheilung auslösen.

Wir sollten uns daher immer der Kraft unserer eigenen Gedanken – und auch der Gedanken unserer Patienten – bewusst sein.

**Nutzen der Gedankenkraft**

Jeder Gedanke zählt, jeder Gedanke wirkt!

Wenn wir Menschen einen schlimmen kollektiven Gedanken oder auch eine kollektive Angst entwickeln oder haben, dann hat das ebenfalls enorme Auswirkungen auf unser Zusammenleben, ja auf unsere gesamte Gesellschaft.

So, wie der Einzelne alleine mit seinen Gedanken eine ganze Menge bewirken kann, so kann eine Summe von Menschen das um so mehr.

So sind wir alle und jeder von uns, aufgefordert, unsere eigenen Gedanken bewusst zu beobachten, kennen zu lernen und dann gezielt zu lenken, auszusortieren, einzusetzen.

Wenn wir es lernen, eine positive und liebevolle Einstellung zu unserem eigenen Leben, unserem Körper, unserer Umwelt, der Natur und der gesamten Schöpfung zu erhalten, dann werden wir mit unserer Einstellung und unseren Gedanken zum Segen für die gesamte Schöpfung.

Aus dem allerersten göttlichen Gedanken ist der Keim unseres Universums entstanden. In allem, was wir kennen, wohnt diese göttliche Schöpferkraft und diese besteht einzig und alleine aus göttlicher gedanklicher Energie.

Auch unsere Gedanken tragen diese Energie in sich. Diese Energie ist das Muster, aus dem die Welt erschaffen wurde.

Wenn wir erkennen, wie mächtig diese Energie ist, dann erkennen wir darin unseren göttlichen Ursprung.

# Die Aura des Menschen

Der menschliche Körper ist integriert in ein energetisches Feld, das aus mehreren Ebenen oder Dimensionen besteht. Die wohl am ehesten wahrnehmbare und daher deutlichste Schicht ist die so genannte Aura, die den Menschen einhüllt und umgibt.

Die Aura, also dieser Energie-Schimmer, der den menschlichen Körper einhüllt und umfließt, ist ein relativ einfach zu erkennendes und wahrnehmbares Energiefeld, aus dem sich erste Informationen über den körperlichen Zustand eines Menschen ertasten, erfühlen, erkennen oder ausmessen lassen.

## Die Aura sehen

Eine wundervolle Übung ist es, einen Menschen in aller Ruhe zu betrachten und dabei zu versuchen, ob man dessen Aura wahrnehmen kann. Hierfür bieten sich immer wieder gute Gelegenheiten. Entweder üben Sie mit Gleichgesinnten oder Freunden oder sie nutzen die Gelegenheiten, wenn Sie irgendwo einen Vortrag anhören oder wenn Sie im Publikum sitzen und vor Ihnen jemand eine Präsentation abgibt.

Schauen Sie möglichst entspannt auf den Menschen vor Ihnen oder besser noch an diesem Menschen vorbei oder durch ihn hindurch. Wenn Ihr Blick genügend entspannt ist – also ohne ihn auf irgend etwas zu konzentrieren und ohne den zwanghaften Versuch, etwas sehen zu wollen – dann werden Sie relativ leicht eine helle Schicht um den Körper des Vortragenden oder der Person, die Sie beobachten oder betrachten, sehen können.

Je entspannter Sie selbst ins Nirgendwo blicken, desto eher entstehen diese ersten feinen Eindrücke.

Es sieht irgendwie so aus, als wäre ein heller Rand um den Körper der Person, manchmal ist er besser erkennbar, dann ist er spontan auch wieder verschwunden. Aber irgendwie erhalten Sie möglicherweise den Eindruck, dass da irgend so ein heller Rand kurz zu sehen gewesen war.

Genau das ist es! So beginnt es, dass Sie lernen, solche Energiefelder wie die menschliche Aura wahrzunehmen.

Wenn Sie erst einmal ein wenig geübt darin sind, in aller Ruhe den Blick ins Unendliche zu richten, dann werden Sie sich künftig immer leichter tun, eine Aura zu sehen.

Auch Tiere und Pflanzen haben eine Aura. Besonders gut sehen kann man zum Beispiel die Aura von Bäumen, wenn man auf der Autobahn unterwegs ist und am Horizont links und rechts von der Straße Bäume sieht. Bei Sonnenschein ist die Aura der Bäume ganz besonders intensiv und gut zu erkennen.

Falls Sie selbst der Fahrer des Kraftfahrzeuges sind, dann achten Sie bitte auf den Verkehr und machen Sie bitte keine riskanten oder gefährlichen Entspannungsübungen während der Fahrt! Als Beifahrer lässt sich jedoch meist sehr gut üben.

Bleiben Sie bitte immer verantwortungsbewusst bei allem, was Sie tun, wenn Sie in einem entspannten Zustand Ihre Übungen und Experimente durchführen.

Ein Entspannungszustand, wenn er tief genug ist, kann auch zu verspäteten oder unterlassenen Reaktionen führen. So sehr wir den Entspannungszustand bei der energetischen Arbeit nutzen können, so sehr kann er im falschen Moment auch zur Gefahr werden.

Bleiben Sie also bitte immer achtsam auf die jeweilige Gesamtsituation und tun Sie nur das, was in jeder Situation für alle Beteiligten das Beste und Sinnvollste ist.

**Die Aura fühlen**

Selbstverständlich lässt sich die Aura eines Menschen auch erfühlen oder ertasten.

Stellen Sie sich für eine weitere Übung vor einen Menschen und dann lassen Sie in einem entspannten Zustand einmal Ihre ausgestreckten Hände von links und rechts langsam an den Körper des Menschen näher kommen – ohne jedoch den Körper dieses Menschen dabei zu berühren.

In einem gewissen Abstand vom Körper des Menschen, der Ihnen gegenübersteht, werden oder können Sie mit ein wenig Übung einen leichten Widerstand, ein leichtes Kribbeln oder etwas Ähnliches, was im ersten Moment ungewöhnlich wirkt, wahrnehmen.

Falls Sie einen solchen Eindruck erhalten, dann vergrößern Sie zur Kontrolle den Abstand Ihrer Hände vom Körper Ihres Gegenübers wieder und nähern Sie Ihre Hände dem Menschen bitte erneut.

Wenn Sie das ein paar Mal gemacht haben, dann sollten Sie einen Eindruck davon haben, in welchem Abstand vom Körper des Menschen dieser leichte Widerstand, das Kribbeln oder die „Energie", die Sie wahrnehmen, beginnt. Sie erfahren, wie sie bei weiterer Annäherung vielleicht intensiver wird und wie sie bei größer werdender Entfernung wieder leichter und feiner wird, bis der Eindruck wieder ganz verschwindet.

Diese Art, die Aura eines Menschen mit den Händen zu erfühlen, ist sehr leicht zu erlernen, und zeigt recht schnell auch gute Ergebnisse.

Ein kleiner Tipp: Wenn Sie mit Kindern üben, dann versuchen Sie doch einmal, die Aura eines Kindes mit Ihren Fingern zu kitzeln, ohne dabei das Kind selbst überhaupt zu berühren. Wenn das Kind sensibel ist – und die meisten Kinder bis etwa 7 Jahre sind das – dann werden Sie durch das Kitzeln der Aura eine Reaktion erreichen, so als ob Sie den Körper des Kindes selbst gekitzelt hätten.

Mit all diesen Übungen sollten Sie erste Eindrücke vom Sehen und vom Fühlen einer Aura bekommen.

Der nächste sinnvolle Schritt wäre es dann, die Aura eines Menschen einmal mit einem Hilfswerkzeug, wie zum Beispiel einem Pendel oder einer Einhandrute auszumessen.

Über das Ausmessen erhalten wir Informationen über den Zustand der Aura eines Menschen und vieles mehr.

# Praktische Übungen mit Pendel oder Einhandruten

Im Allgemeinen sagt man, wenn man die Aura eines Menschen mit einer Einhandrute ausmisst, dass in der oberen Hälfte der Aura – also vom Kopf bis zur Körpermitte, etwa beim Bauchnabel – die Einhandrute beim gesunden Menschen eine Rechtsdrehung anzeigen wird und in der unteren Hälfte des Körpers – also von der Höhe des Bauchnabels abwärts bis zu den Fußsohlen – eine Linksdrehung anzeigen wird.

Pendel und Einhandruten, auch Tensoren genannt, sind hilfreiche Werkzeuge, die uns zu Beginn unserer Tätigkeiten als Heiler/in sehr gut und einfach unterstützen können, damit wir erste Erkenntnisse und Messergebnisse erhalten.

Es wird auf jeden Fall sinnvoll sein, wenn wir die Anwendung solcher Werkzeuge erlernen.

Manchmal stellt man fest, dass sich beim Ausmessen aber nichts tut am Pendel oder dass die Einhandrute nur zögerlich anfängt, irgendwelche Ausschläge zu zeigen.
Wir sind zu Beginn unserer Versuche möglicherweise verunsichert und wissen nicht, ob wir unseren eigenen Messergebnissen vertrauen dürfen oder wir sind zu ungestüm und geben gleich noch unseren eigenen wilden Impuls mit hinein und stoßen damit eine schnelle und deutliche Reaktion unserer Messgeräte – mehr oder weniger bewusst – selbst an. Das Ergebnis kann dann aber durch unseren eigenen Impuls sehr leicht bis zur Fehlmessung verfälscht sein.

Wie lässt sich also dieses feine Handwerk erlernen?

Eine sehr gute Methode besteht darin, dass man das Pendel oder die Einhandrute ruhig und locker in die Hand nimmt und mit den Augen nicht anblickt. Wir konzentrieren uns auf den Patienten oder auf das Organ, das wir ausmessen möchten, stimmen uns also auf den Messvorgang selbst ein, werden ruhig und entspannt und verbinden uns gedanklich mit dem Ziel unserer Messaktivitäten, in dem Bewusstsein, dass wir ein Messergebnis erhoffen, erbitten oder erwünschen.

Irgendwann, nach ein paar Momenten, wird sich unser Pendel oder die Einhandrute bewegen. Das ist gut so!

Wenn wir dann sicher sind, dass unser Messgerät eine deutliche Aussage trifft – eine Linksdrehung, ein Hin- und Herschwingen, eine Rechtsdrehung oder etwas anderes, Eindeutiges, dann erst wenden wir unseren Blick auf unser Messinstrument und lesen das Ergebnis ab.

Damit haben wir einen wirkungsvollen und sehr leicht zu erlernenden Einstieg erhalten und werden künftig immer besser zu Messergebnissen gelangen, denen wir mit der Zeit auch zu vertrauen lernen.

Das „Auskoppeln" des Verstandes aus dem Vorgang der Messung ist also durchaus sehr vorteilhaft.

Unser „Kontrollblick" trifft das Messinstrument erst dann, wenn unsere innere Sensibilität den Kontakt zur Messbasis, dem Organ, Chakra oder was auch immer wir ausmessen möchten, hergestellt hat und das Messergebnis in unser Messgerät auch bereits sicher übertragen wurde.

Erst dann kommt der Verstand hinzu und lernt!

# Äquator fühlen und einrichten

In der Mitte des Körpers – also etwa auf Höhe des Bauchnabels – liegt wie eine Scheibe der sogenannte „Äquator" in der Aura des Menschen. Dort kehrt sich die Drehrichtung der Einhandrute von Rechts nach Links um, wenn wir von oben nach unten messen und umgekehrt.

Höhe und Sitz des Äquators sind ein Indikator für den Säure-Basenhaushalt eines Menschen.
Je weiter der Äquator des Menschen nach unten rutscht, desto mehr ist dieser Mensch übersäuert.
Der Äquator kann ohne Weiteres bei Übersäuerung des Körpers auch bis zu den Knöcheln hinunterrutschen.

So, wie der Äquator eines Menschen in der Aura mit der Einhandrute ausgemessen werden kann, so kann er auch sehr leicht mit den Händen erfühlt werden.
Entspannen Sie sich und führen Sie Ihre Hände jeweils links und rechts neben dem Körper des Menschen von oben nach unten, wobei Ihre Handinnenflächen in die Richtung zeigen, in die Sie Ihre Hände bewegen. Irgendwann sollten Sie einen leichten Widerstand erspüren können. Dort sitzt der Äquator!

Auch hier machen Sie am besten wieder die „Gegenprobe" und führen jetzt Ihre Hände von unten nach oben, bis Sie diesen scheibenförmigen Widerstand des Äquators erneut wahrnehmen.

Haben Sie sowohl von oben als auch von unten kommend den Äquator mit Ihren Händen erfühlt, so haben Sie nun einen sehr guten Eindruck, wo genau bei diesem Menschen in diesem Moment der Äquator liegt.

Sollte der Mensch übersäuert sein und der Äquator nach unten gerutscht sein, so können Sie nun auch den Äquator wieder korrigieren und einrichten.

Es ist sehr gut möglich, dass übersäuerte Menschen Gelenkschmerzen haben.

Führen Sie Ihre Hände mit den Handflächen nach oben gerichtet von unterhalb des Äquators nun nach oben. Erspüren Sie den Äquator und nehmen Sie nun mit Ihren Händen in Ihrer geistigen Vorstellung den Äquator des Menschen mit nach oben – so weit, bis der Äquator wieder in der Mitte des Körpers, etwa auf Höhe des Bauchnabels, sitzt.

Mit ein wenig Glück kann es sein, dass der Mensch, der vielleicht zuvor noch über Gelenkschmerzen geklagt hat, nun sofort eine deutliche Verbesserung verspürt und die eben noch deutlich spürbaren Schmerzen leichter geworden oder auch ganz verschwunden sind.

Diese Übung wird um so mehr an Effektivität gewinnen, je besser wir in der Lage sind, die feinen Energien einer Aura und eines Äquators mit unseren Händen zu erspüren.

Ein großer Vorteil hierbei ist es, wenn wir lernen, unsere Hände wie die beiden Pole einer Batterie einzustimmen und zu energetisieren.

Hierzu bedarf es wieder einer geeigneten Meditation, in der wir lernen, unsere Hände energetisch aufzuladen, zu polen oder auf die Energieübertragung einzustimmen.

Wenn wir geistig-energetisch mit unseren "Heilenden Händen" arbeiten, dann tun wir das immer mit energetisch aufgeladenen, gepolten und eingestimmten Händen.

Sie werden damit zum geistigen Werkzeug und sehr empfindsam für feinste Schwingungen und Wahrnehmungen.

## Persönlicher Schutz vor energetischer Einkoppelung (Krankheitsübertragung)

Wenn wir mit unseren Händen Energien zu einem anderen Menschen fließen lassen, dann entsteht zwischen uns und diesem Menschen eine Verbindung, eine energetische Brücke, um es noch etwas genauer zu beschreiben.

Wenn wir uns in die Situation des Kranken hineinfühlen und diese Brücke aufgebaut haben, dann sind wir im Kontakt.
In manchen Situationen kann es hilfreich sein, eine Vermischung der Energien zu vermeiden. Falls wir selbst unter einem energetischen Ungleichgewicht leiden, das sich vielleicht auch schon als körperliche Krankheit manifestiert hat, dann wäre es ja ein Nachteil für den Patienten, wenn wir diese ungesunden Energien auch auf ihn übertragen würden.
Genauso möchten wir sicher auch vermeiden, krank machende Energie oder Energiemuster vom Patienten auf uns selbst zu übertragen.

Es kommt in der Praxis immer wieder vor, dass ein/e Heiler/in nach dem Übertragen von heilenden Energien die selben Symptome aufweist, wie der Patient, der soeben behandelt wurde.
So können Rückenschmerzen, Knieschmerzen, Übelkeit und vieles mehr nach einer Heilbehandlung in abgeschwächter Form auch bei dem/der Heiler/in auftreten.

Um dies zu vermeiden, können wir einen persönlichen Schutz vor energetischer Einkoppelung, also eine Schutzaura, visualisieren. Am besten kann dies wieder über eine geeignete Meditation erlernt werden.

In der Meditation visualisieren wir, wie wir unsere Aura in einen Mantel aus violettem Licht mit silbernen Funken einhüllen. Diese Schutzaura kann uns und unseren Patienten wirkungsvoll vor der Übertragung und Einkoppelung unerwünschter Energien schützen, so dass nur die Energien übertragen werden, die für einen positiven Heilungsverlauf förderlich und nützlich sind. Alles andere bleibt dort, wo es auch zuvor schon war.

Erklären lässt sich das Phänomen der Einkoppelung ganz einfach damit, dass wir immer und überall im Universum ausgleichende Kräfte haben. Alles möchte in die ursprüngliche und sinnvolle Harmonie zurückkehren. Wenn wir also in unserem Leben derzeit ein „Lernthema" haben, das unser Patient selbst auch gerade hat und dieser daher auch die seelischen Auswirkungen in Form der körperlichen Krankheit durchlebt, dann macht es nur allzu viel Sinn, dass auch unsere Seele sich an diese Lernerfahrung ankoppeln möchte – jetzt, wo die Tore zu dieser ganz speziellen Energie gerade offen sind. Und schon kann alles zufließen, was unsere Seele als „sinnvoll" betrachtet, was wir selbst als verstandesorientierte Menschen aber gerade überhaupt nicht haben möchten.

Genau so, wie die Seele des Patienten also die heilenden Energien annimmt, wenn die Bereitschaft für einen Heilprozess entstanden ist, nimmt die Seele des/der Heilenden auch schwächende oder krank machende Energien an, falls eine Bereitschaft für das zu Grunde liegende Thema vorhanden ist.

Da wir als Menschen mit unserem gesamten Sein am Leben teilnehmen mit Seele, Körper, Verstand und Geist dürfen wir auch von unserem Wahlrecht Gebrauch machen und über unsere Vernunft steuern, ob und wann wir uns bestimmten Lernaufgaben stellen möchten.

Wir dürfen also eine Schutzaura anlegen, wenn wir jetzt gerade noch nicht völlig bereit sind, dieses spezielle Thema, an dem wir selbst noch zu knabbern haben, sofort über die Einkoppelung zu erleben.

Es ist ja nun auch so, dass wir in der Heilbehandlung durch das gemeinsame Betrachten und Untersuchen der Ursache der Erkrankung des Patienten auch selbst enorm viel erkennen und lernen können. Das alleine kann uns schon helfen, dass wir eine ähnliche Erfahrung in Form der körperlichen Beschwerden, wie sie unser Patient gerade erlebt, gar nicht mehr selbst zu erleben brauchen.

Ein Mensch, der gewaltbereit ist, oder Gewalt erleben möchte, als Lebensaufgabe oder Seelenwunsch etwa, kann in einen Krieg verwickelt werden, um dort als Soldat zu kämpfen, verletzt zu werden oder gar durch die erlebte Gewalt zu sterben.
Ein anderer Mensch kann diese Lernerfahrung auch rein geistig machen indem er erkennt, was Gewalt bedeutet, wie sie wirkt und in welchem Maße er selbst für seine ganz persönliche Seelenentwicklung noch reale Erfahrungen in der physischen Welt braucht.

Erkenntnis schützt vor unangenehmen Lernaufgaben. Wenn wir bewusster unser Leben annehmen, dann können wir auch bewusster damit steuern, welchen Weg wir einnehmen und vermeiden, dass wir unbewusst vom Leben auf einen Weg geleitet werden, den unsere Seele entdecken oder erfahren möchte. Die Seele möchte eine Erkenntnis haben.
Wie wir es schaffen, diese Erkenntnis zu bekommen, das steht uns frei. Nutzen wir unsere Freiheit daher um über eine bewusste Grundhaltung möglichst angenehm und leicht die schönsten und wertvollsten Erfahrungen zu sammeln.

Unsere Seele wird sich darüber freuen und uns sicher und behutsam auf dem Weg zur Quelle geleiten und begleiten.

Das Wesentliche für die Seele ist immer die Lernerfahrung, die Erkenntnis.

Auf welchem Weg das Ziel erreicht wird oder wie intensiv die Eindrücke sind, die zum Erreichen des Zieles führen, kann von untergeordneter Bedeutung sein.

Nutzen wir also unsere Möglichkeiten der bewussten Wahrnehmung, unsere äußeren und inneren Sensoren, um aufmerksam und mit Bedacht unsere Erkenntnisse zusammen zu tragen.

Je besser wir von unseren natürlichen Möglichkeiten und Talenten hierzu Gebrauch machen, desto angenehmer kann es für uns sein, all die wünschenswerten oder beabsichtigten Lebenserfahrungen für unsere Seele einzusammeln.

# Wunderbare Selbstheilungskräfte

Das Wesentliche beim Heilprozess ist die gezielte Aktivierung der Heilkräfte, die in jedem Menschen vorhanden sind und die auch jeden Moment aktiv sind an den Stellen, an denen derzeit Heilung passiert.

Das bedeutet, wenn sich ein Mensch zum Beispiel in den Finger schneidet, so wird er einen Schmerz verspüren, der ihm signalisiert, dass der physische Körper gerade eben verletzt wurde. Der Mensch kann erste Hilfe-Maßnahmen ergreifen, den Finger in den Mund stecken und die Wunde aussaugen oder die Wunde säubern, desinfizieren oder sterilisieren und mit einem Pflaster versehen. Doch ganz egal, wie die bewusste Erstversorgung des Fingers aussehen mag, es finden auch sofort einige unbewusste Maßnahmen im Körper statt, die der Heilung dienen. Die inneren Kräfte werden aktiviert um die Wunde zu schließen und den Schnitt wieder zu beseitigen. Das Gewebe wird zusammenwachsen und falls überhaupt, dann bleibt am Ende des Selbstheilungsprozesses nur noch eine mehr oder weniger sichtbare Narbe zurück.

Diese Selbstheilung geschieht ganz von alleine, also ohne bewusstes Zutun. Doch jeder Mensch kann die Selbstheilung auf verschiedenen Ebenen unterstützen.

So, wie der Bauarbeiter gute Steine und festen Mörtel benötigt, Wasser, Holz und Werkzeug, so benötigt der menschliche Körper ebenfalls gute Baumaterialien, die wir über die Nahrung, einfach gesagt als Wasser und Brot, aufnehmen. Je besser unsere Nahrung, um so besser kann der Körper auch „bauen". Vitamine, Spurenelemente und alles, was nötig ist, sollten wir den inneren Körperbildekräften zur Verfügung stellen, damit die Heilung auf der körperlichen Ebene möglichst gut unterstützt wird.

Doch auch auf der gedanklichen Ebene können wir sehr vieles positiv unterstützen. Ein Mensch, der sich ärgert und schreit: „Scheiß Finger! Ich bin so ein Depp!" macht zwei gravierende Fehler.

Einerseits beschimpft er seinen gerade eben verletzen Finger. Jedes Körperteil und jedes Organ im Menschen hat ein inneres Bewusstsein. Wenn der Kopf anfängt zu schimpfen, so fühlen sich die Organe auf natürliche Weise abgelehnt und beleidigt. Sie können Trauer verspüren, Verzweiflung und auch Wut.
Ein Kind, das von seinen Eltern ständig beleidigt wird, wird irgendwann einmal die weitere Kooperation verweigern. Wenn ein Kind sich ungeliebt fühlt, dann „macht es zu", es blockiert, sondert sich ab und möchte sich aus dem ganzen Prozess einfach nur noch ausgliedern. Genau das selbe durchleben unsere Körperteile und Organe, wenn wir sie beleidigen. Wir sollten daher lernen, mit Achtung und Würde und auch liebevoll mit unserem Körper umzugehen.

Der zweite Fehler ist es, sich selbst als Trottel, Depp oder Versager hinzustellen. Diese Form der Selbstbeschimpfung, ja wo kommst sie eigentlich her? Normalerweise werden unsere Gedanken im Kopf formuliert. Wenn sich also jemand als „Depp" bezeichnet, dann scheint der Kopf gegen die Person inklusive seinen Verstand zu schimpfen, also schimpft der Kopf praktisch gesehen über den Kopf. Ein Kopf würde so etwas aber nie machen, weil ein gesundes Ego genau das verhindern würde. Ein gesunder Kopf schimpft – auch wenn das genauso wenig Sinn macht – lieber über andere als über sich selbst. Wenn also der Kopf über sich selbst schimpft, dann wissen wir sofort, dass hier ein Kontrollproblem vorliegt, das zu einer massiven Störung des gesamten Organismus führen kann und wird.

Ein Kopf der unkontrolliert über alle möglichen Körperteile und Organe und sogar über den eigenen Verstand schimpft darf in aller Regel tatsächlich als „verrückt" angesehen werden.

Hier verliert der Mensch derart den Boden unter den Füßen, dass es sehr schwierig wird, überhaupt noch eine Heilung anzufangen.

Alles im Organismus geht mit der Zeit auf Abwehrkurs und es treten immer wieder die verschiedensten Schmerzen an allen möglichen und unmöglichen Stellen auf. Der gesamte Organismus wird rebellieren und kleine Feuer anzetteln, die überall im Körper ihre Signalwirkung entfalten werden.

Einem solchen Menschen zu helfen kann sehr schwierig sein, so lange der Kopf und der Verstand nicht akzeptieren oder lernen wollen, dass eine Korrektur der Gedanken und Umgangsformen notwendig ist.

Besser ist es, sich dem Körper ganzheitlich und liebevoll zuzuwenden. Der Finger kann ja nichts dafür, dass er verletzt wurde. Er ist lediglich ein beteiligtes Opfer, das Hilfe benötigt.

Und auch der Kopf konnte diesen Unfall ja offensichtlich nicht verhindern, hat sich aber nicht absichtlich in den Finger geschnitten. Also trifft auch den Kopf, der jeden Tag sein Bestes für uns gibt, erst einmal keine Schuld. So sollten wir lernen, uns selbst auch dann zu respektieren, wenn uns Fehler oder kleinere Unfälle passieren.

Selbstwert und Selbstachtung auf einem normalen Niveau sind wichtige und wesentliche Faktoren für ein glückliches und gesundes Leben.

Der erste Schritt auf dem Weg zur Heilung ist es also, solche Missstände in den Denkstrukturen eines Menschen zu erkennen, aufzudecken und dann zu korrigieren.

Es muss ein gemeinsamer innerer Wille vorhanden sein, die Heilungsarbeit in guter und unterstützender Zusammenarbeit gemeinsam zu bewerkstelligen. Alle für Einen, Einer für Alle!

Auch mit unseren positiven Gedanken können wir die Selbstheilung wesentlich unterstützen. Ein Mensch, der sagt: „Das wird nie besser! Das ist unheilbar!" kann und wird oft auf tragische Weise recht behalten.

Ein anderer Mensch, der das Ergebnis offen lässt und alles dafür tut, um seine Heilungsprozesse zu fördern und dabei positiv denkt, hat wesentlich bessere Chancen auf einen guten Heilverlauf.

Nach dem Motto: „Ich glaube fest daran, dass mein Körper sein Bestes dazu beitragen wird, um dieses gesundheitliche Problem auf dem besten Wege zu beseitigen. Ich weiß nicht, ob und wann ich wieder gesund sein werde, aber ich bin mir sicher, dass mein Heilprozess gute oder sogar sehr gute Fortschritte machen wird. Ich bin achtsam für die Vorgänge in meinem Körper und habe den festen Willen, die Heilprozesse auch mit meinem ganzen Selbst bestmöglich zu unterstützen."

Ein weiterer Schritt, der getan werden kann, um die Selbstheilungskräfte gezielt zu aktivieren, ist der, mit heilenden Gedanken und Energien zu arbeiten. So können wir die Heilungsprozesse visualisieren, in der Meditation oder in der Entspannung. Wir können ganz gezielt Heilenergie mit einer bestimmten Farbe dorthin übertragen, wo sie benötigt wird oder wir können mit Unterstützung durch geistige Helfer auch geistige Operationen, sogenannte „Geisteschirurgie", durchführen.

Die Basis der Heilung ist die innere Einstellung. Das Körperbewusstsein muss die Heilung wollen.

Darauf baut sich der positive Gedankenkomplex auf. Der Kopf muss die Heilung für möglich halten und sollte bereit sein, die Heilungsprozesse zu unterstützen und zu fördern.

Darauf kann nun auch die geistig-energetische Heilmethode angewandt werden. Die heilenden Gedanken und Energien werden umso effektiver wirken, je mehr die Seele auch dieser Heilung zustimmt.

Die Zustimmung wird um so besser eintreten, je besser der Lernprozess, der mit dem gesundheitlichen Problem verbunden ist, verstanden und akzeptiert wurde.

Ein Mensch, der zum Beispiel immer wieder Aufgaben übernimmt, die ihn im Grunde nichts angehen und nur belasten, kann sehr schmerzhaft Schulterbeschwerden entwickeln. Wenn der Mensch versteht, dass er nicht die schweren Päckchen für andere tragen soll und los lässt, kann er in die Heilung gehen.

Ein unbelehrbarer, uneinsichtiger oder beratungsresistenter Mensch kann sich sehr schwer tun, den eigenen Heilprozess wirkungsvoll starten zu lassen.

Als energetisch-geistige „Heiler/in" können wir die betroffenen Menschen also nur unterstützen. Wir können eine Richtung aufzeigen und können deutlich machen, wo die Fehler, die Auslöser und Verursacher des gesundheitlichen Problems liegen.

Den Weg zur Heilung muss der Mensch dann allerdings selber gehen.

Ein Mensch mit der Einstellung „Mach mich mal schnell gesund, damit ich so weitermachen kann, wie es mir gefällt!" wird wohl die Erfahrung machen müssen, dass Heilung auf diesem Weg in aller Regel nicht funktionieren wird.

Wenn der Mensch bereit ist, sich auf den Heilungsprozess einzulassen, falls möglich auch „ohne wenn und aber", dann steigen die Chancen auf Heilung bis hin zur Spontanheilung der schlimmsten Leiden.

Heilung, die mit energetisch-geistigen Methoden unterstützt wird, ist eben auch ein „geistiger Prozess".

Wir dürfen mit energetisch-geistigen Heilmethoden auch immer wieder „Wunder" erleben. Ja, mehr noch: Solche „Wunder" werden zur Normalität.

Je mehr wir uns mit Heilung befassen, je tiefer wir in diesem Prozess stehen und je mehr Erfahrungen wir bereits gesammelt haben, um so deutlicher wird es uns, welche beinahe unglaublichen Möglichkeiten wir tagtäglich erleben dürfen.

Wunder sind etwas ganz Reales. Das Einzige, was daran verwunderlich ist, liegt in den Menschen selbst, die nicht an solche Wunder glauben mochten.

# Der Aufbau des physischen Körpers

Der physische Körper des Menschen ist wie eine Brücke in die materielle Welt für den Geist, der im Menschen lebt.

Der Körper hält die Verbindung, er nimmt Signale der äußeren Welt entgegen und leitet sie mit all seinen Sensoren nach innen weiter. Über den physischen Körper sind wir Menschen mit der Außenwelt verbunden. Er ist ein einziger großer Sensor, der uns die Welt um uns herum begreifen und erfühlen lässt.

Sind wir großer Kälte ausgesetzt, so spüren wir das über unseren Körper ganz deutlich. Auch große Wärme wird vom Körper stark empfunden und die Poren fangen an zu schwitzen. Ständig steht der Körper im Gleichgewicht, oder besser gesagt, im Vorgang, das Gleichgewicht wieder zu erlangen. Durch das Schwitzen verdunstet das Wasser der Poren aus der Haut und erzeugt Verdunstungskälte, die den Körper kühlt. So gleicht der Körper mit seinen Reaktionen immer das aus, was ihn aus dem Gleichgewicht bringen möchte oder könnte.

Ständig sind tausende und abertausende Reaktionen und auch Aktionen im Körper am laufen, die solche Regelprozesse ausführen. Und all das geschieht, ohne dass uns die vollständigen Zusammenhänge dieser Reaktionen und Ausgleichsvorgänge wirklich bewusst werden. Klar spüren wir es, wenn wir großer Hitze ausgesetzt sind, und wir merken es auch, wenn wir schwitzen.

Wir steuern das alles aber nicht bewusst. Wir geben keine Kommandos mit unserem Kopf, um das Schwitzen einzuleiten. Nein. Der Körper regelt und steuert all diese Vorgänge selbst – auf einer Bewusstseinsebene, die weit unter dem liegt, was wir mit unserem Alltagsbewusstsein wahrnehmen.

Auch die Selbstheilungskräfte werden aktiv, ohne dass wir hierzu bewusst etwas beitragen müssten.

Der physische Körper verfügt über dieses integrierte Wissen, was zu tun ist, um zum Beispiel einen blauen Fleck, der durch das Anstoßen an einen Gegenstand entstanden ist, wieder zu beseitigen.

Der Körper weiß von selbst, wie eine blutende Wunde zu verschließen ist, wenn wir uns in den Finger geschnitten haben. Der Körper stellt die alte und gewohnte Ordnung wieder her, verschließt die Wunden und repariert verletztes Gewebe.

Wir dürfen als Menschen durchaus ein gewisses Vertrauen darauf haben, dass unser physischer Körper schon selbst ganz gut weiß, welche Maßnahmen zur Selbsthilfe nötig sind, und dass er sofort anfängt, die geeignetsten Maßnahmen zu ergreifen, wenn ein Ungleichgewicht oder „Handlungsbedarf" festgestellt wird, um die „Selbstheilung" anzukurbeln und einzuleiten.

Unser physischer Körper ist ein komplexes Meisterwerk der Natur, bestehend aus den unterschiedlichsten Organen mit jeweils ganz bestimmten Aufgaben, die sich gegenseitig ergänzen und unterstützen, damit alle Abläufe im Körper reibungslos funktionieren können.

Dieses innere Gleichgewicht im Körper pendelt sich in jedem Moment, den wir leben, immer wieder neu ein. Und all das geschieht ohne unser bewusstes Zutun und ohne, dass wir mit unserem Verstand dort irgendetwas regeln müssten.

Gleichwohl wichtig ist es dabei allerdings nun auch, zu wissen, dass wir in unserem physischen Körper auch ein steuerndes Bewusstsein haben müssen. Anders würden all diese Abläufe gar nicht stattfinden und funktionieren können.

Und auch, wenn dieses steuernde Bewusstsein unserem Alltagsbewusstsein verborgen ist, so wirkt es dennoch und es ist wichtig für uns, zu verstehen, wie es arbeitet.

Denn wenn es um die Heilung eines Menschen geht, dann können wir besser und erfolgreicher helfen, wenn wir die inneren Abläufe und auch dieses innere Bewusstsein möglichst gut verstehen und kennen.

Dieses innere Körperbewusstsein setzt sich aus den Bewusstseinsanteilen aller Organe zusammen.
Wir dürfen durchaus davon sprechen, dass unser Herz ein eigenes Bewusstsein hat, eine Stimme, ein fühlendes Wesen, bestimmte Absichten und eine eigene „Einstellung" zum Körper. Genauso hat unser Kopf auch ein inneres Bewusstsein, eine Einstellung zu den Abläufen im Körper und eine „Beziehung" zu den anderen Organen, die auf einer Ebene stattfindet, die gar nicht bis in unser Alltagsbewusstsein reicht. Wir nehmen es nicht wahr und doch ist es ständig präsent und arbeitet im Verborgenen bzw. im „Unbewussten".

Wir finden in unserem Körper Organe, die eine eigene wichtige Aufgabe erfüllen, die auch nur von diesem Organ ausgeführt wird. Eines dieser Organe ist die Leber, die ganz spezielle Entgiftungsaufgaben im Körper hat. Ein weiteres Organ mit spezifischen Aufgaben, die nur von ihm selbst ausgeführt werden, ist die Schilddrüse. Sie stellt einzigartige Hormone für den Körper her, die ansonsten kein anderes Organ zur Verfügung stellen kann.
Andere Organe sind daneben aber auch paarweise vorhanden und führen gemeinsam eine bestimmte Aufgabe aus, wie zum Beispiel die beiden Nieren oder die beiden Ohren. Auch unsere Augen, die Beine, Hände und Arme sowie unsere Lungenflügel sind paarweise vorhanden.
Bei den paarweise vorhandenen Organen sprechen wir von Aufgabenverteilung aber auch von Aufgabenkombination. So kann jede einzelne Niere und jeder einzelne Lungenflügel genau die selbe Aufgabe durchführen, wie das Partnerorgan.

Bei den Ohren und Augen allerdings ist es so, dass beide Partner sich unterstützen und ergänzen, so dass das Gesamtergebnis dann nicht mehr zweidimensional sondern dreidimensional vorliegt. Hören wir nur mit einem Ohr, dann nehmen wir damit auch alle Geräusche sehr gut wahr. Den Raumklang allerdings, also ob ein Geräusch von links vorne oder von rechts hinten kommt, können wir erst durch beide Signale des rechten und linken Ohres so richtig verstehen.

Und auch ein Auge allein nimmt die Umgebung, die Farben und Lichter schon sehr gut wahr. Doch erst in Kombination mit dem zweiten Auge entsteht für uns ein Bild mit Tiefe. Wir können dann sehr gut die Entfernung der Objekte einschätzen und die Lage der Objekte im Raum.

So ist es also bei den Nieren mehr oder weniger eine reine Arbeitsteilung im Körper, bei den Ohren und Augen allerdings schon eine echte Zusammenarbeit.

Entsprechend den Aufgaben und dem Komplexitätsgrad der Aufgabenstellung und der Zusammenarbeit finden wir in den Organen damit auch ein durchaus unterschiedlich ausgeprägtes Bewusstsein. Organe, die komplexere Aufgaben erfüllen, wie zum Beispiel die Augen, sind zu wesentlich höheren geistigen Erkenntnissen fähig, als zum Beispiel ein Zeh, der noch in relativ einfachen Bildern denkt und lebt.

Dementsprechend sind auch Erkrankungen eines höher entwickelten Organs wesentlich anspruchsvoller in der Heilung, als bei den einfacher strukturierten Organen. Wobei das hier keine Wertung in Bezug auf die Bedeutung oder Wichtigkeit eines Organs darstellen soll!

Jedes Organ vollbringt seine ganz persönliche Bestleistung im Gesamtgefüge des körperlichen Regelwerks.

Sehen wir uns einige Beispiele im Körper an, um die Zusammenhänge ein wenig verständlicher zu machen.

# Die wichtigsten Organe und deren Bedeutung

## Haut:

Unsere Haut bedeckt unseren Körper, sie stellt die äußere Hülle dar und grenzt den Körper zur Außenwelt hin ab.

Die Haut hat Sensoren und kann Kälte, Wärme, Berührungen, Druck, Feuchtigkeit und viele andere Sinneseindrücke wahrnehmen und an unser Alltagsbewusstsein weiterleiten.

Die Haut als physisches Organ hilft dabei, die Temperatur des Körpers auszugleichen. Bei zu großer Hitze geben die Poren Schweiß ab, der auf der Haut verdunstet und den Körper kühlt. Davon haben wir ja bereits gesprochen.

Die Haut unterstützt den Körper auch zum Teil beim Atmen und bei der Entgiftung. Bestandteile, die der Körper nicht brauchen kann, werden teilweise auch über die Haut nach außen abgegeben. Besonders auffällig geschieht das zum Beispiel über die Pickel während der Pubertät, wenn der Körper das eintretende Ungleichgewicht, das mit der ganzen Umstellung vom kindlichen Hormonhaushalt auf den Hormonhaushalt eines jungen Erwachsenen auftritt, über die Abgabe der Fettstoffe und anderer Anteile über die dafür viel zu engen Poren nach außen ableitet. Aber auch beim Erwachsenen gibt die Haut Giftstoffe, Fette, Mineralien und Salze sowie andere Stoffe nach außen ab.

Gleichzeitig nimmt die Haut auch Wasser, Cremes, Pflanzensäfte, Chemikalien und andere Stoffe in den Körper auf.

Die Haut steht immer in Verbindung und man kann sogar sagen in Kommunikation mit der Außenwelt. Es findet ein ständiger Austausch von Stoffen sowohl von innen nach außen als auch von außen nach innen statt.

Haben wir es nun mit einer „Hautkrankheit" zu tun, dann haben wir auf der seelisch-geistigen Ebene auch ein Thema in Bezug auf die „Kommunikation mit der Außenwelt".

Haben wir ein Problem mit unserer Umwelt, mit unseren Mitmenschen oder fühlen wir uns auf Grund irgendwelcher Lebensumstände oder durch ein schlechtes Gewissen „unwohl in unserer Haut", dann kann sich das in Hautreizungen, Ausschlägen oder anderen Hautveränderungen zeigen.

Dabei kann die Stelle, an der eine solche Hautveränderung auftritt, auch bereits ein erster Hinweis auf die zu Grunde liegende Ursache sein.

Hautveränderungen im Nacken zeigen zum Beispiel einen Zustand an, bei dem wir uns von irgend etwas verfolgt oder gedrängt fühlen. Irgend etwas „sitzt uns im Nacken", was uns unangenehm oder lästig ist.

Hautveränderungen an den Armen zeigen uns einen Zustand, der belastend auf unsere Bewegungsfreiheit, man könnte auch sagen auf unsere Handlungsfreiheit, wirkt. Sie sind auch ein deutlicher Hinweis darauf, dass die Ursache wohl einer unserer Mitmenschen sein dürfte. Denn wenn wir dicht zusammen sitzen, dann berühren sich oft die Unterarme beider Personen. Hier wäre dann vielleicht etwas Abstand zu bestimmten Personen im Leben doch angenehmer. Um eine solche Hauterkrankung wieder loszuwerden ist es besonders wichtig, nach der Ursache zu suchen, also die Person zu erkennen, die wohl hinter der Auslösung der Hautreaktion steht, damit genau zu dieser Person eben der sinnvolle oder auch nötige Abstand eingestellt werden kann.

Unsere Haut ist also unser optisches Signal an unsere Mitmenschen, wer wir sind und wie wir aussehen. Sie grenzt unseren inneren Bereich nach außen ab und stellt unsere körperliche Kontaktebene zu unserer gesamten Umwelt und dabei ganz besonders zu unseren Mitmenschen dar.

## Lunge:

Frei durchatmen zu können ist ein gutes Gefühl. Wir Menschen brauchen unsere Freiheit. Wir wurden geboren, um unsere Freiheit im Sinne der Schöpfung hier auf der Erde, oder sagen wir besser hier in diesem dualen Universum, zu erleben, auszuprobieren und aktiv mitzuwirken und damit kreativ an der Schöpfung teilzunehmen.

Immer, wenn wir unsere Freiheit freiwillig oder unter Zwang aufgeben, rebelliert die Seele.

Werden wir von einem anderen Menschen unterdrückt oder lassen wir es zu, dass jemand anders unsere Freiheit über ein akzeptables Maß hinaus einschränkt (und dieses Maß wird nicht von unserem Kopf, sondern von unserer Seele festgelegt!), dann müssen wir mit seelischen Reaktionen rechnen, die uns entweder auf der Gefühlsebene, als leise und feine Signale des Unwohlseins in der Magengegend, auffallen können oder die auch als immer heftigere Reaktionen bis hin zur massiven Lungenkrankheit auftreten.

Wie gesagt wird auch in einem solchen Fall die Seele zunächst feine und leise Signale senden. Werden diese nicht wahrgenommen oder ignoriert, dann werden die Signale massiver – bis hin zur lebensbedrohenden Krankheit.

Auch hier ist es ein Vorteil mit Bewusstheit solche Signale möglichst früh und aufmerksam wahrzunehmen und zu verstehen.

Unfreiheit führt dazu, dass wir im übertragenen und dann auch im realen Sinn nicht mehr frei durchatmen können.

Auch hier gilt zunächst Bewusstmachung als Weg zur Heilung und dann natürlich auch eine Verhaltensänderung in die Richtung, dass wir als Betroffene einen Angriff auf unsere Freiheit erkennen und dann auch geeignete Maßnahmen durchführen, um einen solchen Angriff wirkungsvoll im Sinne unseres eigenen Selbst abzuwehren.

**Herz:**

Unser Herz stellt die physisch-körperliche Verbindung zu unserem Emotional- oder Gefühlskörper dar.

Unser Herz trägt die göttliche Hinwendung, die göttliche Liebe, in sich und strebt danach, aus dieser Liebe heraus zu handeln.

In unserer rationalen Welt sind wir es allerdings gewohnt, unsere Entscheidungen nach realistischem und kühlem Kalkül mit dem Kopf zu treffen. In den seltensten Fällen fragen wir unser Herz, welche Entscheidung die beste wäre.

Unser Kopf ist gut trainiert und hat beinahe auf jede Frage sehr schnell eine „passende Antwort".

Meist drückt sich auch noch unser Ego über den Kopf aus, so dass wir häufig rationale, kalte, bisweilen sogar harte und auch gefühllose Entscheidungen zu erwarten haben. Dabei können diese gefühllosen Entscheidungen durchaus in den meisten Fällen auch die besten Entscheidungen sein – zum Beispiel, wenn es darum geht, finanzielle Entscheidungen zu treffen oder praktische Entscheidungen, die unser Leben besser funktionieren lassen.

Allerdings haben diese Kopf-Entscheidungen auch einen Kopf-Charakter.

Das Warmherzige in unserem Handeln kann nur dann entstehen, wenn unser Herz auch an unseren Entscheidungen mit beteiligt wird. Unser Handeln bekommt eine ganz andere Qualität, nämlich eine Herz-Qualität, wenn wir auch unser Herz in die Entscheidung mit einbeziehen oder sogar das Herz selbst entscheiden lassen, sogar wenn der Kopf „eigentlich" dagegen ist.

Herzentscheidungen, die bewusst gegen den Kopf getroffen werden, haben eine einzigartige und ganz besondere Qualität.

Es lohnt sich, solche Herzentscheidungen zu treffen! Sie verleihen unserem Leben eine meist ungewohnte, völlig neuartige und sehr erfüllende Qualität.

Menschen, die ständig gegen ihre Gefühle und damit gegen das Herz entscheiden, riskieren auch gesundheitliche Probleme mit dem Herzen.

Angefangen von einer Herzschwäche bis hin zur voll ausgeprägten Herzkrankheit ist wiederum alles möglich.

Natürlich kann eine Herzkrankheit auch karmische Ursachen haben. Dann sind solche Herzprobleme oft auch schon angeboren und als Lernaufgabe für das aktuelle Leben zu verstehen.

Es ist in jedem Falle wichtig und sinnvoll immer und immer wieder den Einzelfall zu untersuchen und zu verstehen. Denn zwei Menschen, welche die gleiche Krankheit haben, werden in den allermeisten Fällen verschiedene Krankheitsursachen haben.

Daher gibt es bei der geistig-energetischen sowie auch bei der ganzheitlichen Behandlung von Krankheiten keinen allzeit passenden Ansatz, kein Pauschalurteil, kein Allheilmittel.

Jeder einzelne Fall ist sorgfältig zu untersuchen, die Ursachen sind herauszufiltern und bewusst zu machen und dann bestehen gute Chancen, dass die Seele erkennt, dass das Problem verstanden ist und behoben wird. Dann kann auch die Zustimmung zur Heilung erfolgen.

## Kopf:

Der Kopf ist die Schaltzentrale des menschlichen Körpers. Alle bewussten Vorgänge finden im Kopf statt und in den allermeisten Fällen ist es der Kopf, der die wichtigsten Entscheidungen im Leben eines westlich-zivilisierten Menschen trifft.

Der Kopf analysiert, vergleicht mit Erfahrungswerten und kalkuliert Risiken und Chancen gegeneinander ab. Schließlich kommt er meist zu einer „vernünftigen" Lösung.

Der Kopf des Menschen ist ein großartiges Instrument, um die Dinge zu berechnen, die das Leben funktionieren lassen.

Der Kopf regelt sehr gut finanzielle Angelegenheiten, Geschäftliches, Organisatorisches. Wenn unser Kopf ein kühler Rechner ist, und wir uns auf ihn verlassen können, dann gewinnen wir damit auch ein gutes Stück Sicherheit im Leben. Und das ist gut so.

Doch es gibt auch Situationen, in denen der Kopf mit dem Leben und den darin enthaltenen Problemen eben nicht mehr zurecht kommt. Situationen, in denen alles noch so genaue logische Vermessen und Durchdenken zu keinem guten oder brauchbaren Ergebnis führt.

Wenn der Kopf denkt und kein Ergebnis erzielen kann, dann zeigen sich häufig unangenehme Auswirkungen.

Kopfschmerzen und Schlaflosigkeit können ein erstes Anzeichen für Probleme sein, die der Kopf alleine nicht meistern kann.

In den schlimmsten Fällen, wenn Probleme zwingend, erdrückend und ausweglos erscheinen, kann das seelische Unterbewusstsein auch die Reißleine ziehen, einen Unfall in die Wege leiten und den Menschen damit in ein unbewusst absichtlich herbeigeführtes Koma führen.

Koma-Patienten haben oft eine „Auszeit für die Seele" genommen. Die Seele fühlt sich meist sehr wohl in diesem Zustand und hat kein besonders großes Interesse, wieder in das Leben (mit den dort vorhandenen ungelösten Problemen!) zurückzukehren.

Unser Lösungsansatz bei dem Versuch, eine Heilung für einen Koma-Patienten zu unterstützen oder herbeizuführen, sollte also immer damit beginnen, das zu Grunde liegende Problem zu erkennen um dann eine hierfür geeignete Lösung zu erarbeiten und diese Lösung der Seele auf geistigem Wege anzubieten. Meist sind andere Menschen nötig, um die vorliegenden Probleme wirklich zu lösen und es ist ganz besonders wichtig, dass diese mit beteiligten Menschen auch bereit sind, an der Lösung mitzuwirken.

Kann tatsächlich eine gute Lösung gefunden werden, dann ist die Seele in den allermeisten Fällen auch bereit, ins irdische Leben zurückzukehren und der Koma-Patient erwacht kurze Zeit später oder wenige Tage darauf.

## Schultern:

Mit den Schultern sind wir Menschen in der Lage große Gewichte zu tragen. Wir können bereitwillig selbst Probleme „schultern" oder wir bekommen von anderen ein Päckchen auf unsere Schultern „aufgelegt".

Körperliche Probleme mit den Schultern deuten häufig darauf hin, dass wir eine zu große Last tragen. Diese kann von uns selbst angenommen und aufgeladen sein. Sie kann aber auch von unseren Mitmenschen auf unsere Schultern verfrachtet worden sein.

Auch hier ist es wieder wichtig, die Gesamtsituation genau zu analysieren und als Abhilfe entweder das, was an Last zu viel ist, aufzugeben und fallen zu lassen, oder sich dafür stark zu machen, dass alle unberechtigten Päckchen abgewehrt werden.

Niemand muss das Päckchen eines anderen tragen. Falls das doch geschieht, dann sollte es ein freiwilliger Akt der Mithilfe sein. Dabei ist aber in besonderem Maße darauf zu achten, dass die eigenen Kraftreserven nicht in Mitleidenschaft gezogen werden.

Helfen ist gut, aufopfern ist verkehrt.

## Nieren:

Die Nieren filtern das Wasser in unserem Körper. Sie haben damit im übertragenen Sinn auch eine sehr starke Beziehung zu unseren Gefühlen.

Stimmt etwas nicht, nimmt uns etwas im Leben sehr mit, dann sagen wir auch: „Das geht mir ganz schön an die Nieren!"

Sind unsere Gefühle verhärtet, dann können sich immer größere Nierensteine bilden, die zu äußert schmerzhaften Koliken führen können. Ein erster Weg, Linderung zu erreichen, könnte sein, sich bewusst zu machen, wie sehr man sich mit so manchen verhärteten Gefühlen auch selbst schadet.

Verhärtete Gefühle blockieren unser innerstes Wesen. Sie koppeln uns vom Fluss eines liebevollen Daseins ab und diese Blockade verursacht den Stau, der die Steine wachsen lässt.

Gefühle, die wir nicht akzeptieren möchten, können sehr schmerzhaft sein. Hier kann es hilfreich sein, über geeignete Meditationen herauszufinden, wo die Blockade sitzt und warum sie dort sitzt.

Oft sind tief verborgene Ängste die Auslöser für solche ungesunden Erscheinungen. Und auch das Thema „Loslassen" spielt hierbei häufig eine wichtige Rolle. Es lohnt sich, in sich zu gehen, und die inneren Gefühlsregungen wieder in einen harmonischen Fluss zu bekommen.

Verzeihen und Loslassen sind dabei die besten Helfer um die eigenen schmerzhaften Erfahrungen Stück für Stück dauerhaft los zu werden.

## Galle:

Die Galle ist eigentlich nur ein Auffangbecken für die Gallensäfte, die in der Leber, einem weiteren wichtigen „Entgiftungsorgan" des menschlichen Körpers, gebildet werden.

Doch die Galle sammelt diese Flüssigkeiten nicht nur, sie setzt auch wieder unsere inneren Gefühle in einen seelischen Bezug hierzu.

Wenn wir von Wut, Zorn oder Hass erfüllt sind und sinnbildlich sogar „Gift und Galle spucken", dann sollte das für uns ein Alarmsignal sein.

Auch in der Galle können sich durch unseren angestauten Zorn und unausgeglichene Wutansammlungen schmerzhafte und bisweilen auch sehr große Steine bilden.

Diese Steine schleppen wir dann mit uns herum, bis wir erlernen, sie loszulassen oder bis eine Operation für uns unausweichlich erscheint.

Oft wird dann die Gallenblase entfernt und der betroffene Mensch muss anschließend bei der Ernährung ganz besonders darauf achten, dass er sich nicht zu fett ernährt. Ansonsten droht Übelkeit oder andere unwillkommene Nebeneffekte.

Wenn einem Menschen die Galle ständig übergeht, so kann das auch wieder zwei Ursachen haben:

Entweder eine unberechtigte Überempfindlichkeit auf Grund längst vergangener Verletzungen oder aber ein immer noch vorhandener ständiger Reiz durch die Mitmenschen. Ein Reiz, der unausweichlich erscheint und dabei so schlimm ist, dass die Seele über den Körper hierauf reagieren muss.

Es lohnt sich, vergangene schmerzhafte Ereignisse aufzudecken und aufzulösen, zum Beispiel über eine Gesprächstherapie, und aktuelle Störungen aus dem Leben zu entfernen – auch wenn das die Trennung von Mitmenschen zu bedeuten hat, auf die man glaubt, nicht verzichten zu können.

Abstand oder auch Trennung kann ein wirkungsvolles Heilmittel sein!

## Leber:

Das ganze Gift, das wir mit der Nahrung aufnehmen, in Form von Essen, Tabletten oder auch über den Abrieb aus den Amalgamfüllungen der Zähne, Alkohol oder andere Substanzen – das alles muss in der Leber abgebaut und entsorgt werden. Wir alle wissen, dass ein Zuviel an Gift im Körper letztlich auch eine Bedrohung für Leib und Leben darstellen kann.

Eine Alkoholvergiftung kann nicht nur das Bewusstsein eines Menschen beeinträchtigen wie zum Beispiel Reaktion und Auffassungsvermögen oder die Koordinationsfähigkeiten in Bewegung und Sprache. Alkohol kann den Körper auch so sehr vergiften, dass nach der Bewusstlosigkeit ein Herzstillstand mit Todesfolge eintreten kann.

Auch der übermäßige Genuss von Rauch und Nikotin vergiftet den Körper, allerdings langsamer.

Unsere Leber ist ein Organ, das sehr leistungsfähig kontinuierlich unseren Körper reinigt und gegen all diese Gifte, die wir aufnehmen oder mit denen wir im Inneren in Kontakt kommen, kämpft, um sie zu beseitigen.

Wie ein Polizist ist die Leber ständig in Kontakt mit diesen unheilvollen Substanzen, befindet sich ständig im Kampf und ist mit andauernden Reinigungsarbeiten oft bis an die Grenze der Leistungsfähigkeit ausgelastet, manchmal auch überlastet.

Ein solcher „Job" macht meist keinen Spaß und so sagen die Chinesen auch „In der Leber sitzt die Wut". Wenn es eine Ecke in unserem Körper gibt, die der Liebe am leichtesten entfliehen kann, dann wird das wohl die Leber sein. Sie ist es gewohnt zu kämpfen, zu beseitigen, zu vernichten.

Und wenn wir Menschen nicht darauf achten, unsere Leber bei ihrer Arbeit zu unterstützen, dann kann es durchaus sein, dass die Aggressionen, die natürlicherweise in der Leber sitzen und dort wichtige Aufgaben erfüllen, sich eben auch gegen den Menschen selbst richten, der in seiner Unvernunft ständig gegen das System „Körper – Seele – Geist" handelt.

Wir sagen manchmal „Dieser Mensch ist so voller Gift" oder „Der verspritzt sein Gift" und oft sind es genau diese giftigen Menschen, die nicht selten auch an Krebs erkranken.

Krebs kann entstehen, wenn Menschen zu sehr hassen aber auch, wenn Menschen ihre Kraft verloren haben und aufgeben.

Krebs kann sowohl Aggression bedeuten als auch Depression und Hilflosigkeit. Das Ergebnis ist das selbe.

Kranke Zellen bilden Tumore, revoltieren im Körper, bilden einen Staat im Staat und schädigen dabei den Körper bis hin zum Untergang.

Krebs kann in der Leber seinen Ursprung haben. Wenn wir unseren Ärger in uns hineinfressen oder auch giftig wieder herauslassen kann es sein, dass die Leber entweder aus Schwäche die Kontrolle verliert und das System schließlich zusammenkracht oder dass die Leber aus der Stärke heraus einen ungebremsten Angriff startet, der sich dann gegen den eigenen Körper richtet. Was können wir also tun?

Zunächst ist es gut, wenn wir uns über die Aufgaben von Aggression und Depression klar werden und uns damit vertraut machen, welche Positionen wir im Leben tatsächlich vertreten.

Es bringt uns gar nichts, wenn wir uns da in die eigene Tasche lügen. Wenn wir „Ja" sagen aber doch lieber „Nein" gemeint hätten, dann wirkt sich dieses falsche Signal in unserer Leber aus. Es führt zur Unzufriedenheit und zum Verdruss. Manchmal spüren wir, wie sich unser Magen zusammenzieht oder wie sich ein Druckgefühl im Bauch aufbaut – Signale, die aus der Leber kommen und von dort weitergegeben werden.

Nehmen wir diese Signale wahr und reagieren wir mit Anerkennung darauf, dann beruhigt sich die Leber, der Magen, die Seele, das ganze System.

Ignorieren oder missachten wir diese Signale aber bewusst oder auch unbewusst, dann stauen sich negative Gefühle in uns auf – und häufig sind diese nicht nach außen gerichtet auf den Verursacher dieser negativen Situation, sondern nach innen, gegen uns selbst. Denn dem Verursacher wurde ja vom Kopf her schon nachgegeben mit unserem „Ja".

Ein ständiges Nachgeben führt schließlich zum inneren Aufgeben und dann kann sich der Zorn und die Aggression der Leber in uns selbst und nur in uns selbst entladen und zu schweren und schwersten Krankheiten führen.

Wir sollten also versuchen, die innere Harmonie zwischen Aggression, Abwehr und Rückzug zu üben und in uns zu finden.

Dann haben wir eine gute Chance auf eine dauerhafte und stabile Gesundheit und die Leber wird für uns mit Freude ihre Entgiftungsarbeiten durchführen, weil sie weiß, dass sie bei ihrem schmutzigen Job jederzeit von uns (und unserem Kopf!) dabei unterstützt wird.

Man könnte sagen „Einer muss den dreckigen Job ja machen, um den sich keiner reißt" aber schließlich ist die Leber ein großartiger Spezialist im Umgang mit den Giften und kein anderes Organ in uns ist so widerstandsfähig und zu solch einer erstaunlichen Regeneration fähig, wie unsere Leber.

Kein anderes Organ lässt sich so schwer unterkriegen!

## Wirbelsäule:

Die Wirbelsäule des Menschen ist eine wichtige tragende Konstruktion. Sie hält, so kann man sagen, den ganzen Körper zusammen, gibt ihm Stabilität und auch Beweglichkeit. Die Wirbelsäule federt elastisch Sprünge ab, rollt den Körper ein oder lässt ihn sich ausstrecken.

An der Wirbelsäule sind die Rippen, also unser Brustkorb, befestigt. Der Brustkorb umschließt und schützt die inneren Organe wie Lunge und Herz. Auch die Arme und Beine sind mit der Wirbelsäule verbunden.

Doch nicht nur das. Sämtliche wichtigen Nervenstränge laufen in der Wirbelsäule zusammen und werden dort über den Rückenmarkskanal weitergeleitet. Die Wirbelsäule ist damit das zentrale Steuerungs- und Verbindungsorgan des menschlichen Körpers.

Wird das Rückenmark geschädigt oder durchtrennt, so wird der Mensch bewegungsunfähig oder stirbt sofort.

Die Beweglichkeit, die Elastizität und doch auch Stabilität sind die wesentlichen Merkmale unserer Wirbelsäule.

Jeder einzelne Wirbel spielt dabei eine wichtige Rolle und jeder Wirbel hat auch seine ganz bestimmte Verbindung zu den Organen.

So kann eine Beschädigung eines bestimmten Wirbels auch Folgen für das jeweilige zugehörige Organ haben. Und auch umgekehrt kann ein Schaden an einem Organ sich ebenso auf den betreffenden dazugehörenden Wirbel auswirken.

Was zunächst seltsam erscheint, ist dennoch wahr.

Und so haben die einzelnen Wirbel auch noch eine übergeordnete Bedeutung in Bezug auf unser Leben.

Die Basis unseres Lebens finden wir an der Basis der Wirbelsäule, also ganz unten. Zur Basis unseres Lebens zählen zum Beispiel der Arbeitsplatz, unsere finanzielle Absicherung, unsere Heimat oder unser Zuhause, die Einbindung in unsere Familie und alles andere, was uns ganz persönlich absolut wichtig in unserem Leben ist. Haben wir Probleme mit der Basis unseres Lebens, dann zeigen sich die Auswirkungen auch in der Wirbelsäule meist ganz unten. Ein Hexenschuss, der bis in die Beine zieht, kann ein Anzeichen für existentielle Ängste eines Menschen sein. Wenn der Mensch glaubt – und es reicht der Glaube auf einer subtilen, unbewussten Ebene bereits aus ! – dass seine Lebensbasis, seine Existenz in Gefahr ist, dann kann ein Hexenschuss auch sehr spontan und unvermittelt auftreten. Und selbst dann, wenn man die Ursache für den Hexenschuss erkannt hat, kann dieser wochenlang weiter bleiben und Schmerzen verursachen. Denn es reicht nicht aus, nur die Ursache erkannt zu haben.

Auch die damit verbundenen Ängste, das fehlende Urvertrauen, die Geborgenheit im eigenen Leben, der Rückhalt in der Familie, die Unterstützung, die der Mensch glaubt zu brauchen, all das muss erst wieder irgendwie ins Gleichgewicht kommen, bevor die Schmerzen nachlassen.

Wenn es um die Basis unseres Lebens geht, dann reicht Verstehen und Bewusstwerden eben nicht mehr alleine aus.

Dann haben wir ein grundlegendes Problem und wir sollten lernen, unsere Ängste zu verstehen, sie ergründen und nach echten und brauchbaren Lösungen für unser Leben streben.

Die Halswirbel am oberen Ende der Wirbelsäule geben unserem Kopf die Beweglichkeit, schnelle Richtungswechsel durchzuführen, von links nach rechts zu schauen, den Blick dorthin zu richten, wo es die Aufmerksamkeit gerade in diesem Moment verlangt.

Beweglichkeit und Flexibilität für unseren Kopf – den Steuermann unseres Lebens.

Haben wir Probleme mit den Halswirbeln, einen steifen schmerzhaften Hals, dann sind wir in unserer spontanen Flexibilität oft sehr eingeschränkt oder haben Schmerzen bei jeder Richtungsänderung. Im übertragenen Sinne zeigen sich hier ganz aktuelle Probleme, die meist auf Situationen beruhen, die uns momentan belasten, kurzfristig eingetreten sind und nach einer schnellen, flexiblen und guten Lösung verlangen. Im oberen Bereich der Wirbelsäule finden wir also eher die aktuellen Dinge unseres Lebens. Und auch diese sind natürlich wichtig für uns.

So wie die Basis des Lebens uns langfristig ein solides Fundament für unsere irdische Existenz bieten sollte, so sind die aktuellen Situationen ebenfalls geeignet, schnelle und massive Richtungswechsel oder wichtige Entscheidungen in unserem Leben zu verlangen.

Der mittlere Bereich unserer Wirbelsäule zeigt all die Dinge, die zwischen der Basis und den aktuellen Situationen liegen. Also unsere Einbindung in unsere Umwelt, unser Geborgensein unter unseren Mitmenschen, die Dinge, die wir längerfristig eingerichtet haben, die aber nicht unbedingt die Basis unseres Lebens ausmachen. Dinge, die eine gewisse Dauer haben, sagen wir mal im Bereich von Jahren, die aber nicht unsere Existenz bedrohen, wenn sie sich verändern oder wenn sie wegfallen.

Interessanterweise finden sich in der Mitte der Wirbelsäule auch die körperlichen Anzeichen beim Vorliegen einer Allergie.

Wenn man verstanden hat, dass Allergien häufig einen Zusammenhang zu unseren Mitmenschen haben („Gegen wen bin ich allergisch?") dann passt auch die Platzierung in der Mitte der Wirbelsäule wieder sehr gut in das Gesamtbild.

Unsere Mitmenschen spielen in unserem Leben eine zentrale Rolle, meist haben wir auch über unser Herz eine Verbindung oder eine massive Blockade gegenüber oder mit unseren Mitmenschen und so wirkt sich dieses zentrale Thema eben auch in der Wirbelsäule zentral, auf der Höhe des Herzens, aus.

Probleme mit der Wirbelsäule sind damit also Probleme mit unserer Flexibilität im Leben oder auch mit unserer Stabilität.

Es ist, wie so oft, die große Kunst, Weichheit und Festigkeit in Harmonie zu bekommen und gekonnt das Eine wie das Andere im Leben zur Anwendung zu bringen, um für unsere Seele die Freiheit der Selbstbestimmung mit den kreativen Vorstellungen und der Rücksichtnahme auf unsere Umwelt zu verbinden.

Gelingt es uns, in Harmonie mit unserer Umwelt unseren Lebensweg zu gehen, uns gegen unberechtigte Widerstände durchzusetzen und bei berechtigten Einwänden diese auch anzunehmen, dann stehen wir mit beiden Beinen im Leben, sind bereit, unsere Schritte zu machen in alle Richtungen, die wir uns vorstellen und unsere Wirbelsäule trägt dabei unseren ganzen Körper, fest und flexibel zugleich.

## Blutgefäße:

In unseren Adern fließt der „Saft des Lebens". Über das Blut wird der gesamte Körper mit Nährstoffen und Sauerstoff versorgt.

Unsere Adern sind wie Verbindungsstraßen, mit dicken Autobahnen und feinsten Wegen, um überall hin – auch an die entferntesten Zellen im Körper – die lebenserhaltenden Stoffe zu transportieren.

Ist unser Blut zu dick, dann stockt etwas in unserem Leben. Dann gibt es ein oder auch mehrere Themen, bei denen wir keinen Fortschritt erreichen, etwas, das wir selbst nicht aktiv genug vorantreiben. Eine Situation, die wir nicht verändern wollen oder etwas, wovor wir Angst haben und glauben, es nicht verändern zu können.

Ist unser Blut zu dünn, dann fehlt uns jeder Schutz vor Verletzungen.

Auch hier ist wieder das Streben nach dem optimalen Gleichgewicht im Leben unsere Aufgabe: Aktiv werden, auch mit dem Risiko verletzt zu werden, und doch auch nicht blindlings in jede Gefahr zu laufen.

Der Fluss des Lebens wird von uns aktiv gesteuert, mit Vorsicht und Bedacht aber auch mit Engagement und Einsatz für unsere eigenen Interessen und Ziele. Wenn wir uns selbst nicht genügend unterstützen und zum Spielball der Welt oder unserer Mitmenschen werden, dann verlieren wir.

Und auch eines ist ganz wichtig zu verstehen: Unser Blut, das uns am Leben erhält, kommt direkt aus dem Herzen. Es ist also „mit Liebe ausgesandt" um den Körper zu nähren und fließt auch wieder zum Herzen zurück, wenn es seine Aufgaben erfüllt hat. Das Blut ist also in ständigem Kontakt mit unserer Liebe.

Genau so, wie wir als Menschen in ständigem Kontakt mit der universellen Liebe der schöpferischen und auch göttlichen Energien stehen sollten.

Wenn wir uns dessen bewusst sind, dass wir stets an die Liebe angebunden sind, dann nähren wir auch unser Leben im bestmöglichen Sinn.

# Das Meridiansystem der Hände

Der menschliche Körper ist durchzogen von einem feinen System an Energiebahnen, die alles miteinander verbinden. An den Fingerspitzen der Hände kommen diese Energiebahnen aus dem menschlichen Körper heraus und treten in Verbindung zu den kosmischen Kräften. Über die Meridiane, wie diese Energiebahnen genannt werden, die an den Fingerspitzen austreten, wird kosmische Energie aufgenommen und menschliche Energie abgegeben. Über die sich öffnenden Meridiane an den Händen (und auch an den Füßen) ist der menschliche Körper mit dem Kosmos verbunden. Es findet ein ständiges Ein- und Ausfließen von Energie statt. Ein ständiger Strom an Energieaustausch. Wir stehen in Verbindung. Immer. Jederzeit. Und dieses Fließen findet unter anderem eben auch über die Meridiane statt.

Falls nun im Energiekörper des Menschen Störungen vorhanden sind, so können wir das an den Meridianen, die an den Fingern jeweils links und rechts an den Seiten der Fingernägel aus- und eintreten, auch messen.

Und dort, wo wir Störungen mit unserm Pendel, der Einhandrute oder dem Tensor messen, können wir auch mit heilenden Händen oder heilenden Gedanken unterstützen. Beseitigen wir die Störung, dann harmonisieren wir damit auch die Energieströme im Menschen. Dann tragen wir damit unmittelbar zur Verbesserung des Wohlbefindens und zur Heilung von Beschwerden oder Krankheiten bei.

Dabei lassen wir aus unseren Handchakren, also aus dem Zentrum unserer Handinnenflächen, die Energie direkt in die Meridiane am jeweiligen Finger ein- oder ausfließen.

Auch hier ist es wieder wichtig, festzustellen, ob wir einen Energiemangel durch Einfließen lassen ausgleichen möchten, oder ob wir einen Energiestau durch ein Abfließen lassen von Energie harmonisieren. Oder wir lassen die Energie einfach ein- und ausfließen, bis wir einen stabilen, oft pulsierenden, Zustand erreichen.

Hier sind viele Varianten und Methoden möglich, wie wir an den unterschiedlichen Ein- und Austrittspunkten neben den Fingernägeln mit energetischen Methoden arbeiten können.

Höre auf Deine Intuition, wenn Du die Energien an einem Finger einfließen und an einem Finger der anderen Hand ausfließen lässt. Verbinde die unterschiedlichen Meridiane, „spüle sie durch", wie es Dir Deine Intuition angibt. Du wirst spüren, wenn es sich richtig und gut anfühlt. Du wirst spüren, ob und wie die Energien angenommen werden und fließen oder ob es Blockierungen und Störungen gibt.

Lass die Energien so fließen, dass es für Dich und für den Hilfesuchenden angenehm und entspannend bleibt.

Eine gute Behandlung muss nicht lange dauern. Manchmal sind es nur wenige Sekunden, bis die Harmonisierung abgeschlossen ist, manchmal dauert es ein wenig länger.

Du wirst es spüren. An manchen Tagen spürst Du es deutlicher, an anderen Tagen spürst Du es kaum. Wenn Du es kaum spürst, kann die Energie dennoch fließen und wirken. Vertraue auf Dein Tun und vertraue auf die Unterstützung aus der geistigen Welt.

Dein Vertrauen ist die Basis für ein gutes Gelingen. Doch bleibe auch immer offen für das Ungewöhnliche. Scheue die Routine. Routine macht Dich blind.

Jeder Fall ist anders. Lass Dich immer wieder aufs Neue auf den Menschen ein, der Dir gegenüber sitzt.

Jeder Fall ist neu, jeder Mensch ist ein Einzelfall und jede Krankengeschichte hat einen anderen Hintergrund.

Gemeinsam ist immer nur die Chance für Euch Beide, daraus zu lernen.

An den Fingern der Hände finden wir die folgenden Meridiane:

Lymph-Meridian, Lungen-Meridian, Dickdarm-Meridian, Nerven-Meridian, Kreislauf-Meridian, Allergie-Meridian, Organ-Regenerations-Meridian, Körperwärme-Meridian, Herz-Meridian und Dünndarm-Meridian.

Lassen wir Heilenergie durch die Finger unserer Patienten fließen, dann können wir diese Meridiane harmonisieren und Störungen beruhigen.

Ein Zuviel an Energie können wir über die Austrittspunkte an den Fingern abfließen lassen, ein Zuwenig an Energie können wir hierüber auffüllen.

Energetische Stauungen können wir auf die selbe Weise „durchspülen" und damit auflösen.

## Das Meridiansystem der Füße

Auch an den Füßen haben wir Ein- und Austrittspunkte von Meridianen und auch diese können über die Chakren in Deinen Handinnenflächen behandelt werden.

An den Zehen der Füße finden wir die folgenden Meridiane:

Milz- und Bauchspeicheldrüsen-Meridian, Leber-Meridian, Gelenks-Meridian, Magen-Meridian, Bindegewebs-Meridian, Haut-Meridian, Fettgewebs-Meridian, Gallenblasen-Meridian, Nieren-Meridian und Blasen-Meridian.

Nehmen wir die Zehen unserer Patienten in unsere Hände, so können wir über unsere Chakren an den Handinnenflächen Heilenergie in die Austrittspunkte dieser Meridiane an den Zehen fließen lassen, genauso, wie bei den Fingern oder Händen.

Die genaue Lage der einzelnen Meridiane kann aus entsprechender Fachliteratur zur chinesischen Medizin oder aus dem Internet sehr leicht entnommen werden.

Jedoch am besten ist es auch hier, wenn neben dem angelesenen Wissen die Intuition des Lichtarbeiters zum Tragen kommt, die dabei hilft und unterstützt, in welchen Meridian welche Energie hineinfließen oder aus ihm abfließen soll.

Auch das Gefühl dafür, wie lange die Energie fließen soll lässt sich üben und sensibel erspüren.

# Die Chakren

Die Chakren sind die Hauptenergiezentren des Menschen. Wenn wir von Chakren sprechen, dann meinen wir meist die sieben Energiezentren, die für den geistigen Energieaustausch des menschlichen Körpers mit den geistigen Welten zuständig sind. Im Wesentlichen sprechen wir von 7 Chakren, die im Zuge der Wirbelsäule im menschlichen Körper verteilt sind.

Wenn wir dieses Chakrensystem allerdings noch etwas genauer betrachten, dann stellen wir fest, dass es neben diesen 7 Hauptchakren auch noch zugehörige Nebenchakren gibt, die von diesen Hauptchakren versorgt und gesteuert werden und die sich gegenseitig oder wechselseitig beeinflussen können.

Betrachten wir das energetische System des Menschen noch feiner, dann finden wir neben den 7 Hauptchakren und den dazu gehörenden Nebenchakren noch tausende weitere, kleinere Chakren.

Es gibt praktisch keine Stelle am menschlichen Körper, an der wir kein Chakra finden könnten. Allerdings kann man schon sagen, dass wie beim Baum mit seinem dicken Stamm und den dicken Ästen die Verzweigungen irgendwann so fein und klein werden, dass es letztlich wieder darauf ankommt, worauf wir unsere Aufmerksamkeit richten.

Wollen wir den Stamm des Baumes betrachten, die Krone des Baumes als Gesamtheit oder interessieren wir uns für eines der abertausenden von Blättern am Ende eines ganz feinen Astes?

Ähnlich oder analog können wir auch das komplexe und umfassende Chakrensystem des Menschen betrachten und behandeln.

Es genügt für eine gute und erfolgreiche Lichtarbeit oder energetische Behandlung des Chakrensystems im Allgemeinen, wenn wir uns auf die 7 Hauptchakren konzentrieren und dort die energetischen Korrekturen mit Hilfe der geistigen Energien anstreben und unterstützen.

Die feineren Chakren hängen mit den Haupt- und Nebenchakren derart zusammen, dass sie der Harmonie der übergeordneten Chakren meist willig und gerne folgen.

In Einzelfällen kann es dann aber doch auch sinnvoll oder gar notwendig sein, dass wir eben auch mal ein Nebenchakra mitbehandeln oder uns vielleicht sogar auf einen ganz speziellen Körperteil konzentrieren, der ebenfalls über ein feines Chakra verfügt.

In diesem Zusammenhang macht es durchaus Sinn, auch einmal über das energetische Gedächtnis des Chakrensystems zu sprechen.

Viele Lichtarbeiter arbeiten mit dem Nebenchakra des Scheitelchakras, dem häufig als Lebenskalender bezeichneten Band, das vom Scheitelchakra aus den Hinterkopf entlang nach unten zum Hals bzw. Genick verläuft. In diesem Band sind alle wichtigen Ereignisse des derzeitigen irdischen Lebens von der Zeugung über die Geburt bis hin zu den vorgezeichneten Einstellungen der nahen Zukunft abzulesen oder mit Tensor oder Pendel herauszumessen.
Jeder Schicksalsschlag, jeder Unfall und jedes traumatische Ereignis wird als „Störung" in diesem Lebensgedächtnisband zu finden sein. Können wir mit unseren intuitiven oder physikalischen Messmethoden die Störungen lokalisieren, dann wissen wir bereits sehr viel über die Zusammenhänge von Krankheitsauslösern und deren Wirkungen.

Lösen wir die Störungen dieser schicksalhaften oder traumatischen Ereignisse gekonnt im Lebensgedächtnisband auf, harmonisieren wir also diese Störungen, dann werden damit auch die Ursachen einer aktuellen Erkrankung wirkungsvoll harmonisiert und die Symptome können sich bessern oder ganz verschwinden.

Betrachten wir nun die 7 Hauptchakren sowie die beiden Verbindungschakren näher:

**0. Erdchakra**

Über das Erdchakra sind die Menschen direkt mit dem Planeten Erde, unserem Mutterplaneten, verbunden.

Im Allgemeinen zählt man dieses Chakra nicht zu den Chakren des Menschen, jedoch hat es eine enorme energetische Bedeutung für den Menschen und auch für alle anderen lebenden Formen hier auf unserer Erde.

Das Erdchakra ist die manifestierte Quelle materiell-verbundener Energie und verbindet und versorgt uns Menschen mit purer Lebenskraft.

Je besser die geistige Verbindung eines Menschen zur Natur, und damit auch zu unserer Erde ist, um so besser kann die Verbindung Erde – Mensch auch gehalten werden.

Die Erde schenkt dem Menschen Nahrung, Geborgenheit und einen festen Platz zum Leben. Der Mensch wiederum versorgt die Erde, indem er sich um Pflanzen, Tiere, Ökosysteme, Wälder oder pauschal gesagt, die „belebte und unbelebte Natur" kümmert.

Dieses wechselseitige Verbundensein bedeutet eine natürliche Ausgeglichenheit und Harmonie für Beide, den Menschen und die Erde.

Den Kontakt zur Erde und damit zur Natur zu verlieren ist der erste Schritt in den eigenen Ruin.

Je mehr ein Mensch die Verbindung zur Natur verliert und in einer Welt lebt, in der Technik mehr zählt als ein Baum oder in der die Ausbeutung der Erde zum finanziellen Nutzen höher bewertet wird als die Erhaltung der natürlichen Wunderwerke der Erde, je mehr wird der Mensch auch den Kontakt zu seinem Erdchakra verlieren.

Menschen, die sich von der Natur losgesagt oder entfremdet haben, werden auch im Geiste vertrocknen. Oft häufen solche Menschen große Reichtümer an, verlieren jedoch auch den wahren „Sinn des Daseins" und enden oft in Verzweiflung, wenn es um das eigene Sterben geht. Und auch im Leben selbst finden solche Menschen oft keinen Sinn oder beschäftigen sich mit leeren und nutzlosen Inhalten und Tätigkeiten. Sie verplempern ihre Zeit, ohne sich der wahren Bedeutung des Lebens auf unserer Erde bewusst zu sein.

Wie gesagt: Den Kontakt zur Erde und damit zur Natur zu verlieren ist der erste Schritt in den eigenen Ruin.

Es lohnt sich, den eigenen Kontakt zur Umwelt zu fördern, sich immer wieder an den Schönheiten der Artenvielfalt, sowohl im Reich der Mineralien, der Pflanzen und Tiere, wie auch der menschlichen Wesen selbst, zu erfreuen.

Ein Mensch, der die Liebe in seinem Herzen entdeckt hat, wird jeden Tag aufs Neue immer wieder und immer mehr erkennen, wie wundervoll die gesamte Schöpfung doch ist.

Für das Gefühl der Verbundenheit und Liebe gibt es keine Obergrenze. Medialität und Liebe gehen ebenfalls Hand in Hand. Und auch die spirituelle Entwicklung eines Menschen kann über die Meditation und das „sich bewusst sein" gefördert werden.

Eine gute Verbindung zur Erde im praktischen Leben sowie auf der energetischen Ebene des Menschen ist in jedem Fall ein guter und wertvoller Baustein für ein glückliches und zufriedenes Leben ohne Angst und voller Freude.

## 1. Wurzelchakra

Das Wurzelchakra ist das erste Chakra, das am Körper sitzt, wenn man den menschlichen Körper von den Füßen angefangen nach oben durchgeht zur Betrachtung.

Das Wurzelchakra sitzt dabei genau am unteren Ende des Rumpfes, also dort, wo sich die Beine am Körper treffen. Direkt am Ende des Steißbeines ist der Eintrittspunkt für die pulsierende Energie des Wurzelchakras.

Über das Wurzelchakra sind wir Menschen mit der Erde, unserem Heimatplaneten verbunden. Es ist so, wie mit allem im Universum und in der gesamten Schöpfung. Alles ist mit allem verbunden und die Verbindung des Menschen mit der Erde findet über das Wurzelchakra seine Verankerung.

Da auch die Erde unterschiedliche Regionen hat, die mit den verschiedensten energetischen Charakteristika ausgestattet sind, wie zum Beispiel feuchte Tropenwälder, heiße, trockene Wüstenregionen oder extrem kalte Eisregionen, wird das menschliche Wurzelchakra mit den dort verfügbaren Energien und deren Charakteristika gekoppelt und von dort versorgt. Hieraus ergibt sich eine gewisse Art der Einkoppelung, die dazu führt, dass der Mensch, der in jeweils einer solchen Region lebt, auch ein starkes Heimatgefühl hierzu entwickeln kann. So, wie sich die Natur immer der Umgebung und den herrschenden Umweltfaktoren anpasst, so passt sich auch der Mensch oder ein Volk im Laufe der Jahre oder auch Jahrhunderte an die Heimatregion an. Das System Erdregion oder Heimatregion – Wurzelchakra des Menschen steht dann im Einklang.

Aber nicht nur der physische Aufenthalt des Menschen in der Heimatregion spielt eine Rolle im Zusammenhang mit den Energien im Wurzelchakra. Es gibt, so wie immer, auch psychische Themen sowie geistige Komponenten, die mit dem Wurzelchakra verbunden sind.

So steht das Wurzelchakra für unsere Verankerung auf der Erde aber auch im Leben. All das, was unseren Platz im Leben definiert, spiegelt sich im Wurzelchakra wider. Dazu gehört unser Zuhause, unser Arbeitsplatz, mit dem wir uns ernähren, und unsere Familie unter dem Aspekt der Zugehörigkeit und Geborgenheit.

Hier im Wurzelchakra sind wir verwurzelt – mit der Erde und mit unserem Leben.

Ein Mensch, der schlagartig von seiner Heimat oder Familie getrennt wird, oder der seinen Arbeitsplatz und damit seine sichere Nahrungsquelle verliert, reagiert auf der energetischen Ebene auch genau hier im Wurzelchakra.

Das Wurzelchakra strahlt dabei diese energetisch spürbare Störung auch in andere Bereiche des Körpers aus – sozusagen als laute Stimme der Seele – um anzuzeigen, dass es nun in diesem Themenbereich Handlungsbedarf gibt.

Es mag sein, dass ein Betroffener, der seinen Arbeitsplatz in Gefahr sieht, von dem einen auf den anderen Moment einen langwierigen Hexenschuss erleidet, der sehr schmerzhaft sein kann und sehr deutlich auf dieses grundlegende Basisproblem hinweist. Und sogar dann, wenn das Problem erkannt und verstanden wurde, kann ein solcher Hexenschuss andauern, bis tatsächlich eine Lösung für die Seele oder aus der Sicht der Seele gefunden wird oder auch bis es dem Menschen gelingt, die vorherrschende Angst vor dem drohenden Existenzverlust zu beruhigen.

Durch eine plötzliche Trennung von der Familie kann es zur Analvenenthrombose kommen, wenn dem betroffenen Menschen das „Blut in den Adern stockt", weil er nicht mehr weiß, wie es nun familiär weitergeht oder weil die familiäre Stimmung plötzlich so eisig wird, dass einem „das Blut in den Adern gefriert".

Das Wurzelchakra hat auch großen Einfluss darauf, ob und wie sich ein Mensch fortbewegen kann.

Verliert ein Mensch seinen Weg, seine Richtung, dann können extreme Schwächeanfälle in den Beinen auftreten.

Der Weg, den der Mensch nicht gehen will oder gehen kann, führt dann dazu, dass die Beine des Körpers auch versagen. Häufig begleitet mit enormen Schmerzen, die uns darauf aufmerksam machen wollen, dass wir unseren Weg wieder aufnehmen sollen, dass wir uns anspornen möchten, doch wieder ein paar Schritte vorwärts zu gehen, um eines unserer nächsten Ziele im Leben und hier auf Erden voran zu bringen oder zu erfüllen.

Wenn wir uns vom Leben lossagen und alles hinwerfen, dann kann uns die Seele mit massiven Schmerzen darauf aufmerksam machen wollen, dass unser Entschluss nicht im Einklang mit unserem göttlichen Ursprung und unserem inneren geistigen Wesen steht.

Immer dann, wenn wir im Leben versagen, und das absichtlich, meist aber auch unbemerkt von unserem Tagesverstand, dann sieht die Seele Handlungsbedarf und wird sich melden und bemerkbar machen.

Und wie wir wissen, ist eine der effektivsten Methoden der Seele die Meldung über Symptome, die uns letztlich auf der körperlichen Ebene anstupsen – also Krankheitssymptome.

Wir erinnern uns, dass jedes Krankheitssymptom auf der seelischen Ebene beginnt und dann von der feinstofflichen Ebene über die Aura und die Chakren letztlich bis in den physischen Körper des Menschen wandert, wo es dann über Schmerzen oder Tumore sichtbar und spürbar wird.

Die hohe Kunst liegt darin, solche Signale möglichst früh zu erkennen, zu verstehen und auch wieder durch Änderung des Verhaltens oder der inneren Einstellung abzuwenden.

Andernfalls droht mit den Krankheitssymptomatiken auch schwerer Schaden für unseren physischen Körper, der bis zu unserem Tod führen kann.

Letztlich kann der Tod aus Sicht der Seele als Abbruch des Versuches, dieses vorliegende, herausfordernde Thema zu bewältigen, gedeutet werden – sofern dieser krankheitsbedingt durch Schädigung des Körpers verursacht wurde.

Es gibt daneben noch unzählige andere Gründe, warum Menschen sterben und viele davon sind in friedlicher Harmonie mit der Seele und mit dem Geist des Menschen.

Der Tod ist immer im Einklang mit dem Universum. Es liegt alleine an uns Menschen, den Tod zu verstehen. Dies kann eine enorme Herausforderung darstellen und viele Menschen zerbrechen eher daran, als dass sie den Tod eines anderen Menschen akzeptieren können oder wollen.

Und doch wäre es auch gut für unser eigenes Seelenheil, wenn wir mit dem Tod anderer Menschen und auch mit unserem eigenen Sterbevorgang Frieden schließen könnten.

Es lohnt sich immer, den Tod als Freund zu betrachten. Er wird in unserer „schwersten Stunde" für uns da sein, um uns abzuholen.

Er lässt uns niemals im Stich. Er kommt, um uns hinüber zu begleiten ins Licht.

Er bietet uns seine Erfahrung und Unterstützung auf dem Weg nach Hause an.

Nur unsere eigene Angst lässt ihn vor unseren Augen wie ein Monster, ein Skelett oder einen unerbittlichen Krieger der Dunkelheit, den Sensenmann, erscheinen.

Wenn wir die Angst vor dem Tod, vor dem Sensenmann verlieren, dann verwandelt sich der Tod in eine Fee, in einen Engel oder in etwas Anderes, ganz Wunderbares.

Die Angst ist unser Prüfstein. Wie so oft im Leben ist sie es auch, wenn es um den Tod geht.

Liebe, Vertrauen und unsere eigene Hingabe an die Schöpfung sind sehr gute und hilfreiche Berater, wenn es darum geht, eigene Ängste zu überwinden.

## 2. Sakralchakra

Das Sakralchakra des Menschen befindet sich etwas unterhalb des Bauchnabels, ist verankert in der Wirbelsäule und öffnet sich sowohl nach vorne, als auch nach hinten.

Im Sakralchakra sind wir Menschen verbunden mit unserer eigenen Vergangenheit, auch mit den Erlebnissen unserer Vorleben. Verstorbene sowie geistige Wesen aller Art können sehr effektiv über das Sakralchakra mit uns in Verbindung treten. Häufig finden wir in diesem Chakra auch noch Reste, Anhaftungen und Fremdenergien, die uns festhalten, beeinflussen und nicht selten auch stören und krank machen.

Im Sakralchakra sitzt unsere Bauchstimme, unser Bauchgefühl, unsere Stimme des Gewahrseins.

Das Sakralchakra ist unser wichtigstes Verbindungschakra. Hier werden die Verbindungen zu anderen Seelen aufrecht erhalten – ganz gleich ob diese Seelen sich derzeit in einem körperlichen oder geistigen Daseinszustand befinden.

Gehen wir sexuelle Verbindungen mit einem Menschen ein, dann entstehen über das Sakralchakra auch geistige Verbindungen. Sind wir unachtsam, was unsere zwischenmenschlichen und auch sexuellen Verbindungen angeht, dann kann es hier zu schlimmen „Verknotungen" und Komplikationen kommen, die unser Leben sehr schnell kompliziert oder ausweglos erscheinen lassen können.

Erst wenn wir lernen, Verbindungen bewusst zuzulassen und zu fördern oder auch bewusst zu unterbrechen und abzubauen, haben wir ein gutes Mittel, um langfristig nur die positiven Verbindungen in unserem Leben zu fördern.

Lebensprobleme haben häufig ihre Wurzel genau hier in diesem hochsensiblen und überaus empfindsamen Chakra.

Unsere Spiritualität beginnt hier zu wachsen und sich zu entwickeln – und doch kann dieses Chakra nicht auf den Mut und die Tapferkeit eines Herzchakras direkt zugreifen.

Dieser Mut kann nur aus dem Herzchakra selbst unterstützend hinzu gegeben werden.

Die gute Zusammenarbeit des Sakralchakras mit dem Herzchakra ist daher ganz besonders wichtig.

Und so erkennen wir auch, wie wichtig es ist, eine gute Gefühlsebene auch bei unseren sexuellen Aktivitäten zu haben.

Sex alleine wirkt auf uns Menschen leer. Die Befriedigung ist nur körperlich.

Die Seele kann dabei Schaden nehmen oder wenigstens abhärten. Gefühle können verkümmern oder schwer verdrängt werden, wenn die Sexualität ihre Anbindung an unser Herz vermisst oder verliert.

Sexualität und Gefühl in Kombination miteinander und in Harmonie zueinander sind ein solider Grundbaustein für den Beginn einer beglückenden Verbindung zweier Menschen.

### 3. Milzchakra

Das Milzchakra ist die Quelle unserer Lebensfreude. Sie ist die Sonne in unserem Chakrensystem und steuert alle Körpererhaltenden Vorgänge der Verdauung und Verwertung.

Die Ahnungen des Bauchgefühls werden vom Milzchakra „beleuchtet" und zum Herzchakra weiter geleitet.

Fehlt die Freude im Leben, dann bekommen wir die verschiedensten Probleme mit den Verdauungsorganen.

Magengeschwüre oder Darm-Erkrankungen sind ein deutliches Anzeichen dafür, dass uns die Freude am Leben verlassen hat, dass unsere innere Sonne sich verdunkelt hat.

Wenn wir uns über irgend etwas sehr freuen, dann können wir in diesem Chakra auch ein „Bauchkribbeln" fühlen.

Das ist ein gutes Zeichen dafür, dass unser Milzchakra aktiv ist und gut mit unseren Gefühlen verbunden ist.

## 4. Herzchakra

Im Herzchakra sitzt unsere Stimme des Gefühls. Unser Herzchakra sitzt an der zentralen Stelle des Körpers – direkt in dessen Mitte. Ohne die Herzfunktion erlischt sofort das Leben. Nur die Arbeit und Zuwendung des Herzens, das unermüdliche Schlagen und Pumpen, bei Tag und Nacht, erhält uns am Leben.

Die Gefühle sind direkt mit dem Herzchakra verbunden, Wir können sagen, hier befindet sich der direkte Übergang zu unserem Gefühlskörper – die Dreh- und Angelstelle für alle unsere Gefühle.

Als zentrales Chakra an dieser zentralen Stelle erkennen wir auch sofort, wie wichtig unsere Gefühle für unser Leben als Menschen auf dieser Erde sind.

Der Kopf sitzt ganz oben um zu steuern, zu leiten und zu dirigieren. Doch das Herz sitzt im Zentrum.

Wenn das Herz versagt, dann stirbt auch der Kopf.

Es ist für uns Menschen enorm wichtig, im Einklang mit unseren innersten Gefühlen zu leben. Nur so finden wir den Rhythmus unseres eigenen Lebens.

Die Bedenken des Kopfes, wenn Gefühle des Herzens abgetan und verworfen werden, haben eine kalte, rationale und funktionelle Qualität. Zu erkennen, wie wichtig allerdings auch die warme, gefühlsbetonte Sichtweise des Herzens ist und die Fähigkeit, Herz und Kopf in Harmonie miteinander zu bringen, damit unsere Entscheidungen funktionell gut und auch emotional erfreulich sind, bringt eine unverwechselbare und wertvolle Qualität in unser Leben.

## 5. Halschakra

Mit dem Halschakra stehen wir in Verbindung zu unseren Mitmenschen und unserer Umwelt.

Über das Halschakra werden unser Kehlkopf und unsere Stimmbänder versorgt. Hier, an dieser engen Stelle im Körper, bilden wir die Worte, mit denen wir unsere persönliche Meinung nach außen, gegenüber unseren Mitmenschen, vertreten.

Kommen wir mit den Eindrücken unserer Umwelt nicht zurecht, dann bleibt uns gerne etwas „im Halse stecken" oder „es verschlägt uns die Sprache".

Kommunikation bedeutet Informationsaustausch. Über das Halschakra geben wir die Informationen, die aus unserem Herzen und unserem Verstand hierhin zusammenfließen, nach außen – zu unseren Mitmenschen – weiter.

Wir können über die Wahl der Worte sehr stark beeinflussen, ob wir eine defensive oder eine aggressive Haltung vertreten, ob wir einen diplomatischen Weg wählen oder die Konfrontation suchen.

Im Halschakra gilt es, die Schwierigkeiten, wenn es „eng für uns wird", zu meistern und im Zusammenleben mit unseren Mitmenschen die bestmöglichen Ergebnisse für alle Beteiligten zu erreichen.

Über das Halschakra nehmen wir die frische Atemluft auf, die zu unseren Lungen strömt und können die verbrauchte Luft auch auf diesem Wege wieder loswerden.

Im Halschakra zeigt sich, wie wir unsere Entscheidungen leben, ausdrücken und umsetzen.

### 6. Stirnchakra

Im Stirnchakra sitzt unsere Stimme der Gedanken. Wir können diese Stimme auch als unseren Verstand bezeichnen. Doch es ist weit mehr als das. Im Stirnchakra sitzt auch unser „Drittes Auge", ein sensibles geistiges Instrument, mit dem wir uns gedanklich mit der Schöpfung, unserer Umwelt, Mineralien, Pflanzen und Mitmenschen verbinden können.

Das „Dritte Auge" erlaubt uns tiefe Einsichten in die universellen Zusammenhänge. Wir können uns über dieses sensible Instrument mit anderen Menschen verbinden und wissen sofort, aus welchen Beweggründen heraus dieser Mensch handelt oder gehandelt hat. Wir sind damit in der Lage, zum Beispiel Fragen über diesen Menschen aus der Sichtweise dieses Menschen zu beantworten.

Damit kommen wir zu einem ganz neuen Verständnis dieser Mitmenschen.

Sicherlich mag der Gedanke daran, dass wir uns so ohne Weiteres mit den Gedankenmustern eines anderen Menschen verbinden können, zunächst ungewöhnlich, vielleicht sogar erschreckend anmuten. Doch sollten wir uns durchaus darüber im Klaren sein, dass es im Universum weit weniger „Geheimnisse" gibt, als wir annehmen.

Wenn wir uns mit einem Mitmenschen verbinden, dann erfühlen wir, dann wissen wir, wie dieser denkt.

Gleichzeitig sollte uns auch bewusst sein, dass wir selbst ebenfalls in den meisten Momenten unseres Lebens nicht ganz unbeobachtet sind. Verstorbene und andere geistige Wesen sind ständig an unserer Seite und blicken uns sozusagen bei allem, was wir tun „über die Schulter" oder auf die Hände.

Das ist völlig normal – selbst dann, wenn wir es nicht wahrnehmen.

Natürlich haben wir auch das Recht, uns gegen solche Aktivitäten bewusst abzugrenzen, indem wir eine geistige Schranke ziehen und bestimmte geistige Wesen aus unserem Umfeld „verbannen".

Doch sinnvoller wäre es sicherlich, zu akzeptieren, dass eben alles mit allem verbunden ist und wir immer und jederzeit mitten im Fluss des Geschehens stehen.

Es gibt kaum einen Grund, sich zu verstecken – außer, wir werden auf einer geistigen Ebene möglicherweise ganz bewusst angegriffen oder ausspioniert.

Dann allerdings kann es durchaus Sinn machen, solche Annäherungs- und Ausspähversuche aktiv zu unterbinden.

## 7. Scheitelchakra

Das Scheitelchakra sitzt am obersten Punkt unseres Kopfes und wird oft auch als Kronenchakra bezeichnet. Über das Scheitelchakra ist unser irdischer Körper mit der spirituellen göttlichen Quelle verbunden, aus der wir die hohe geistige Energie erhalten, die unseren geistigen Körper nährt und erhält.

Fehlt die Verbindung zu unseren göttlichen Energien oder ist diese Verbindung gestört, dann erleben wir gesundheitliche Probleme, Glaubenskrisen und eine Sinnleere im Leben.

Auch wenn viele Menschen es nicht wahrhaben wollen, so ist doch eine geistig-spirituelle Verbindung oder zumindest ein vertrauensvolles „sich eingebunden fühlen" in die universelle Schöpfung ein ganz wesentlicher Grundbaustein für geistige und auch körperliche Gesundheit.

Fehlt der Glaube an eine geistige Komponente, ganz egal, wie wir sie nennen wollen – Gott, Engel, Naturgötter, geistige Welt und so weiter, dann entziehen wir unserem Körper die Möglichkeit für geistiges Wachstum.

Natürlich können Menschen, die keinerlei Glauben besitzen auch große gedankliche Arbeit verrichten und auch herausragende Verstandesleistungen erbringen, jedoch sind all diese Ergebnisse und Erkenntnisse von einer innewohnenden Leere behaftet.

Es fehlt etwas ganz Entscheidendes: Die geistige oder göttliche Komponente. Die Basis der Schöpfung, die uns erst zu dem werden lässt, was wir sind: Geistige Wesen in der materiellen Welt.

## 8. Himmelschakra

Das Himmelschakra ist unsere direkte Verbindung zur Ur-Quelle. Dieses Chakra zählt nicht mehr zu den körperlichen Chakren sondern ist direkt mit dem Geist des Menschen verbunden. Es ist – genauso, wie das Erdchakra – ein sehr feines und sehr hoch entwickeltes Chakra. Der Zugang zur Ur-Quelle erfolgt für die allermeisten Menschen unbewusst. Doch aus diesem Zugang können wir Ur-Vertrauen schöpfen und die höchste Form der Selbsterkenntnis.

Wir haben innerhalb der Chakren drei wichtige Berater kennen gelernt, die uns helfen können, Entscheidungen im Leben zu treffen.
Zum einen ist dies die Stimme der Gedanken, die im Stirnchakra beheimatet ist, also in unserem Kopf. Und meist ist es der Kopf, der mit dieser Stimme seine Entscheidungen trifft.
„Das macht keinen Sinn, denk doch einmal an die Nachteile, das rechnet sich, das ist vernünftig oder unvernünftig." Diese und ähnliche Urteile, die rein analytisch nach den Gegebenheiten der Sachzusammenhänge und auf der Basis bereits gemachter Erfahrungen, getroffen werden, bilden in unserem westlich-europäischen Raum die Hauptgrundlage für alle Entscheidungen, die von uns Menschen tagtäglich getroffen werden.
Zum zweiten ist es die Stimme des Gefühls, die im Herzchakra sitzt, also in der Mitte unseres Körpers. Wir nehmen die Stimme unseres Herzens mehr oder weniger bewusst wahr. Wir fühlen instinktiv, was richtig oder falsch „wäre" – oft jedoch fehlt uns der Mut oder die Konsequenz die Eingaben unserer Gefühlsstimme auch im Leben umzusetzen.

Sagt das Herz „Ja" und der Kopf „Nein", dann werden die allermeisten Männer den Weg des „Nein" gehen.

Männer entscheiden gerne und oft aus dem Kopf heraus. Männer denken analytisch, sind zielorientiert und handeln unter normalen Umständen immer eher vernünftig als gefühlsmäßig.

Frauen haben einen sehr viel direkteren Zugang zu ihren Gefühlen, lassen sich auch sehr gerne mal von ihren Gefühlen mitreißen und sind von allzu analytischen Sachgegebenheiten eher gelangweilt. Frauen entscheiden viel eher aus dem Gefühl heraus, als es ein Mann tut.

Während ein Mann relativ leicht das Gefühl übergehen und eine Kopfentscheidung treffen kann, kommen Frauen viel öfter in eine Situation, in der es ihnen schwer fällt, eine Entscheidung zwischen dem Weg des Gefühls und dem Weg des Kopfes zu fällen. Sie stecken dann auch mal im Entscheidungsdilemma.

Zum dritten ist da aber auch noch die Bauchstimme, die Stimme des Gewahrseins. Diese ist die feinste und leiseste Stimme und die meisten Menschen nehmen diese Stimme eher unbewusst war.

„Ja, das habe ich mir doch gleich gedacht!" Dieser Satz zeigt sehr deutlich, dass die Bauchstimme kurz da war, aber dann doch nicht „ernst genommen" wurde.

Meist ist es so, dass die Bauchstimme schon sehr genau weiß, wie sich Dinge entwickeln, sie hat die Fähigkeit zur „Zukunftsschau" und kann uns mit dieser Fähigkeit sehr wertvolle Hinweise und Hilfestellungen geben. Allerdings tut sie das nur sehr sanft, fein und leise.

Wir selbst, und dabei im Wesentlichen unser Kopf, sind im ersten Schritt gefordert, unsere Aufmerksamkeit immer wieder zu trainieren, damit wir diese Bauchstimme, die so leise ist, erkennen und wahrnehmen.

Und der zweite Schritt, der oft noch viel wichtiger ist, ist der, dass wir diese Wahrnehmung dann auch ganz bewusst umsetzen können.

Haben wir es einmal gelernt, die Bauchstimme deutlich genug wahrzunehmen, dann haben wir praktisch gesehen eine dritte Stimme in uns, die uns helfen kann, Entscheidungen im Leben sehr schnell und leicht zu treffen.

Oft wird es so sein, dass der Kopf schon ganz genau weiß, wo es langgehen soll. Die Entscheidung ist klar. Wenn das Herz die Entscheidung mitträgt, dann läuft es so.

Manchmal kommt es vor, dass das Herz etwas möchte und der Kopf ist anderer Meinung. Was tun? Männer folgen meist dem Kopf, Frauen machen es mal so, mal so und sind sich danach immer noch unsicher, ob es nun so richtig war oder eher doch nicht.

Wenn wir nun die dritte Stimme, also unser Bauchgefühl, mit einfließen lassen, dann entsteht etwas ganz Neues:

Das Herz sagt „Ja!", der Kopf sagt „Nein" und unser Bauchgefühl sagt dann vielleicht "Ja, warum nicht? Es fühlt sich gut an..." In diesem Fall würde ein Mann deutlich zum „Nein" greifen, ohne auf die beiden anderen Stimmen zu hören. Das ist der klassische Weg, der immer schon „funktioniert" hat, der unsere Welt aber auch irgendwie steinig, trocken, kalt und leer erscheinen lässt.

Wie viel spannender ist es, in solch einem Fall tatsächlich einmal „Ja" zu sagen, auch wenn der Kopf dagegen ist?

Drei Stimmen, ein kräftiges „Nein" und zwei sanfte „Ja" können in einer Demokratie durchaus als „Ja" gewertet werden.

Trifft man nun diese „Ja" – Entscheidung, dann haben wir hier einen Weg vor uns, der dem Kopf zwar zuwider läuft, der aber eine deutliche Herz-Qualität aufweist, getragen von einem guten Bauchgefühl.

Wenn Sie das nächste Mal vor einer „Ja oder Nein?" – Entscheidung stehen, dann versuchen Sie es doch einfach einmal, eine demokratische Wahl zu treffen unter Berücksichtigung aller drei Stimmen.

Sie werden erstaunt und überrascht sein, wie sich ein solches ganzheitlich demokratisch getroffenes „Ja" aus Herz und Bauch letztlich anfühlt.

Wenn der Kopf erst einmal gelernt hat, auch dem Herzen zu vertrauen und seine Prinzipien loszulassen, dann kommt eine ganz neue Qualität in Ihr Leben.

Dann gibt es keine „was soll ich bloß machen" – Situationen mehr. Sie haben immer drei Stimmen zur Abstimmung parat.

Es ist immer eine klare Entscheidung möglich – ein Unentschieden kann es nicht mehr geben.

Im schlimmsten Fall muss der Kopf nachgeben – das Ergebnis wird ihn dafür aber mehr als gut entschädigen.

# Kontakt zu Helfern aus der geistigen Welt

Wenn wir als Lichtarbeiter gelernt haben, mit energetischen Methoden und geistigen Energien Selbstheilungsvorgänge bei uns und unseren Mitmenschen in Gang zu bringen, zu unterstützen oder zu fördern, dann haben wir bereits ein gutes Maß an Möglichkeiten, um zu helfen.

Einen großen Schritt nach vorne können wir dann noch einmal tun, wenn wir einen ganz persönlichen Kontakt zu einem oder zu mehreren geistigen Helfern aufbauen, die uns bei der geistigen Heilarbeit unterstützen können.

So machen wir, wenn wir alleine tätig werden, sehr gute Fortschritte, wenn wir uns auf unsere Intuition einlassen und lernen, diese feine innere Stimme wahrzunehmen und die geistigen Impulse, die wir aus unserer Intuition erhalten, in Taten umzusetzen.

Wenn wir lernen, unsere Intuition zu nutzen, unser Vertrauen in unsere innere Stimme stärken und doch auch immer wieder die Ergebnisse, die erzielt und erreicht werden, mit dem, was unsere Intuition uns mitgeteilt hatte, vergleichen, dann bauen wir einen enormen Erfahrungsschatz und auch eine gewisse Sicherheit in unserem Tun und Handeln auf, wenn es um die Anwendung energetisch-geistiger Heiltechniken geht.

Mit einem geistigen Helfer an unserer Seite erhalten wir darüber hinaus einen ganz persönlichen Ansprechpartner, der uns direkt auf alle unsere Fragen eine Antwort geben kann. Wenn wir einen guten geistigen Helfer haben, dann werden diese Antworten eine gute Qualität haben. Sie werden oft sehr allgemein klingen und doch in ihrem Kern eine höhere geistige Weisheit erhalten.

Oft verstehen wir solche Antworten erst nach einiger Zeit oder wenn wir reif dafür sind. Doch vieles verstehen wir auch direkt und können es bei den aktuellen Behandlungen auch sofort umsetzen. Ein geistiger Helfer ist ein Freund, und wir lernen in der Zusammenarbeit mit unserem geistigen Helfer auch, wie sehr wir diesem vertrauen dürfen.

Unser geistiger Helfer sollte nicht irgend eine Person sein, die uns von jemand anderem empfohlen wurde, sondern am besten ein geistiges Wesen, mit dem wir selbst auf einer ganz individuellen und sehr persönlichen Ebene Kontakt aufnehmen.

Wir folgen also nicht irgend einem Christus, Buddha oder weltbekannten Meister, sondern bitten um einen Kontakt aus der geistigen Welt, der genau für uns der bestmögliche in unserer jetzigen Situation ist. Am sinnvollsten tun wir dies in einer Meditation. Wir erhalten dann einen ganz persönlichen, bestens auf uns selbst abgestimmten, geistigen Helfer.

Dieser individuelle geistige Helfer kann unterschiedliche Erscheinungsformen besitzen. Es kann ein Mann sein, ein engelhaftes Wesen, eine Gestalt mit Kapuze oder ohne erkennbares Gesicht, ein Ägypter, Indianer oder sonst ein sehr genau zu erkennendes Wesen. Es kann eine Frau sein, eine Fee, eine elfenartige Gestalt oder vielleicht sogar ein Wesen in Tiergestalt.

Was unseren ganz persönlichen geistigen Helfer angeht sollten wir für alles offen bleiben. Unsere innere Verbindung wird einen passenden Kontakt in der Meditation für uns herstellen. Falls wir ein ungutes Gefühl bei dem Wesen haben, dem wir hierbei begegnen, dann haben wir auch das Recht, dieses Wesen sofort wieder wegzuschicken und um einen neuen, besser geeigneten Kontakt zu bitten.

Wir sollten nur dann den geistigen Helfer annehmen, wenn wir das sichere innere Gefühl haben, dass es sich hierbei um einen positiven Kontakt handelt und dass wir Vertrauen zu dem Wesen haben oder aufbauen können.

Nur dann, wenn wir uns mit unserem geistigen Helfer wohl fühlen, akzeptieren wir den Kontakt.

Fortan werden wir, solange und so oft wir als Lichtarbeiter mit unserem geistigen Helfer zusammen arbeiten, reichlich Gelegenheit erhalten, unseren ganz persönlichen geistigen Helfer kennen zu lernen.

Wir lernen, wie es sich anfühlt, ihn (oder sie) in unserer Nähe zu haben. Wir lernen, Fragen zu stellen und Antworten zu empfangen und erfahren, in welcher Form wir die Informationen erhalten.

In einer vertrauensvollen Begegnung liegt sehr viel Kraft und sehr viele Möglichkeiten, um für unsere Wirkungsweise und unsere Heiltechniken auch immer wieder Neues dazu zu lernen.

Geistige Helfer sind Mitarbeiter bei der energetisch-geistigen Heilarbeit. Sie sind aber auch Lehrer für uns und können echte Freunde sein, denen wir vertrauen können und mit denen wir uns auf einer hohen geistigen Ebene auch unterhalten können.

Wir werden bei einem positiven Kontakt alle nur denkbaren positiven Impulse und Hilfen erhalten, die für uns selbst oder für unsere helfende Tätigkeit als Lichtarbeiter sinnvoll sind.

Die Art und Weise, wie diese Kommunikation stattfindet, ob wir Bilder sehen oder Stimmen hören oder die Informationen einfach empfangen, kann sehr unterschiedlich sein. Wir sollten das, was wir empfangen, immer an seiner Wirkung und Brauchbarkeit im täglichen Leben messen.

Ein echter und guter Kontakt zu einem positiven geistigen Helfer fühlt sich immer gut und richtig an und bringt echte und wertvolle sowie messbar sehr gute Ergebnisse mit sich.

# Wann dürfen wir heilen und wo sind die Grenzen?

Das ganze Universum befindet sich ständig in ganz bestimmten Regelprozessen. Alles ist aufeinander abgestimmt, und alles macht und hat seinen Sinn. Somit hat auch jede noch so kleine oder große Krankheit ihren Sinn. Doch auch die Möglichkeit zur Heilung ist dem Universum als sinnhafte Komponente beigegeben. So darf Heilung geschehen und sie geschieht auch jeden Tag und überall. Heilung ist durchaus im Sinne des großen Ganzen. So dürfen wir als Menschen auch anderen Menschen helfen, den Weg zur Heilung zu beschreiten.

Allerdings gilt es auch hier wieder, alle Gegebenheiten, die hierfür wichtig sind, mit zu berücksichtigen. Es ist eine der grundlegenden Wirkmechanismen des Universums, dass die Menschen durch ihr Handeln und Erleben an dieser Welt wachsen, reifen und lernen. Es ist durchaus im Sinne eines jeden Menschen, aus den Lebensumständen und auch aus Krankheit und Tod zu lernen, daran zu wachsen und mit der Summe seiner Erlebnisse und Erfahrungen zu einem vollständigeren Bild der Schöpfung zu gelangen.

Ein Mensch, der Vieles erlebt, Gutes wie Schlimmes, Anstrengendes und Forderndes, Liebevolles, Lustvolles und Geschmackloses – ein Mensch der alle nur erdenklichen Erfahrungen macht, wird durch seine Erfahrungen die Welt immer noch besser verstehen.

Wir erkennen Zusammenhänge, wenn wir gefordert sind, über unser Erlebtes zu reflektieren und zwar nicht nur mit dem Kopf alleine sondern auch mit dem Herzen und mit allen unseren Sinnen, den körperlichen, den geistigen und auch den feinstofflichen höheren Sinnen.

Nur die Summe der Erfahrungen und die Summe unserer Rezeptoren für diese Erfahrungen machen unser Erleben erst so richtig lebendig.

Und ein Teil dieses Erlebens, dieses lebendig seins ist eben auch die Konfrontation mit Krankheit und die Erkenntnis, wie wir zur Heilung gelangen können. Manche Menschen haben schon verstanden, dass die Natur selbst auch für einen heilenden Ausgleich sorgen kann. So wachsen direkt in der Umgebung, in der ein kranker Mensch wohnt, auch die dazu passenden Heilpflanzen. Niemand muss auf die Philippinen oder nach Alaska, Russland oder auf die Balearen reisen, um dort seine Heilung oder seinen Meister in der Heilung zu finden.

Es genügt der aufmerksame und bewusste Schritt in den eigenen Garten. Die Natur selbst hat ein Interesse daran, jede auftretende Krankheit auch wieder zu heilen.

So wie das Meer im Wechsel der Gezeiten kommt und geht, so kommen Krankheiten und Heilmittel ebenfalls in unendlichen, organischen Rhythmen, die eng mit der sie umgebenden Natur verknüpft und verbunden sind.
Ein Mensch, der erst mal erkennt, wie sehr alles mit allem verbunden ist, und dass er selbst ein wichtiger Teil der Schöpfung ist, der wird auch den Wert des Lebens einer jeden Kreatur als viel wertvoller einschätzen, als vor dieser Bewusstwerdung.

Jede Raupe, jede Ameise hat ihre Aufgabe hier auf diesem Planeten und wenn sich eine Krankheit eingenistet hat, dann kennen die Pflanzen, die in Deinem Garten wachsen auch den Weg in die Heilung. Sie wachsen dort für Dich und bieten Dir die Heilung an!

Es liegt an Dir, ob Du Deine Heilpflanzen erkennst. Es liegt an Dir, ob Du von Deinem Recht, mit den Pflanzen in Verbindung zu treten, Gebrauch machst. Es liegt an Dir, ob Du fortrennst zu immer neuen Ärzten, oder ob Du zu Dir selber findest und Dir von Deinen Gartenpflanzen helfen lässt.

Und dabei spielt es noch nicht einmal eine so besonders große Rolle, ob Du die richtige Pflanze findest oder ob Du den Weg in die Heilung richtig einschlägst. Jede Erfahrung zählt und auch wenn Du auf der Suche nach Heilung nur den innigen Kontakt zu Deinen Pflanzen erlernt oder gefunden hast, dann hast Du bereits sehr viel erreicht.

Heilung darf geschehen, doch nicht immer ist die Heilung auch der Sinn und Zweck des ganzen Unternehmens. Manchmal ist die Botschaft der Seele einfach nur ein „Hallo – halte einmal an und werde Dir bewusst." Sei still und leise und sei Dir Deiner selbst und Deiner Umgebung einfach nur bewusst. Erkenne die Schönheit und die Geborgenheit in der Schöpfung. Erkenne Deinen eigenen Platz. Erkenne, dass Du die Welt lieben kannst – sogar dann, wenn Du jetzt schon wieder in die Arme des Todes zurück fällst. Lass los und lass Dich fallen – wenn es jetzt die richtige Zeit dafür ist. Und wenn es noch immer Zeit zum Leben ist, dann mach Dich auf den Weg, Heilung zu finden.

Als Lichtarbeiter unterstützen wir mit energetisch-geistigen Methoden die Menschen, die zu uns kommen, und nach Heilung suchen. Wenn wir es schaffen, den Sinn hinter all dem, was geschieht, ein wenig zu erahnen und bewusst zu machen, dann können wir damit auch immer wieder neue Türen öffnen und das Universum mitgestalten. Wir verursachen damit oft auch Veränderungen, helfen Leben zu erhalten, sorgen dafür, dass das Universum sich über die Menschen und über unsere Taten ständig weiter verändert.

Jedes Leben, das gerettet wird, kann weiter wirken und neue Veränderungen bewirken. Wir sind Teil eines Schöpfungsprozesses, so lange wir am Leben teilnehmen, unsere Entscheidungen treffen und aktiv werden.

Jede Entscheidung ist gut, jede Entscheidung ist richtig. Wir können nur richtig handeln. Sicher wird uns nicht alles gefallen, was wir erleben und sicher kann es manchmal auch so schwer werden, dass Menschen daran zerbrechen. Doch es hängt auch vieles von der eigenen Einstellung ab. Wenn wir das Leben lieben, wenn wir die Schöpfung lieben, wenn wir voller Vertrauen und Liebe sind, dann ist alles gut. Dann ist auch der Tod unser Freund, der uns lediglich nach Hause bringt.

Wenn wir als Lichtarbeiter Heilung bringen möchten, so sollten wir immer auch beachten, dass die Zielperson unseres Wirkens ebenfalls diese Heilung annehmen möchte. Falls die Zielperson kein Interesse an einer Heilung hat – und das kommt durchaus vor ! – so sollten wir das respektieren und akzeptieren. Nicht jeder Mensch möchte von seiner Krankheit oder auch vom Sterben ablassen. Allein der Mensch selbst, der von Krankheit oder Sterben betroffen ist, darf entscheiden, wie er selbst damit umgehen möchte. Die Seele bestimmt letztlich auch, ob Heilung angenommen wird. Selbst dann, wenn wir meinen, eine Heilung erzwingen zu können, oder auch erzwingen zu müssen, kann es zur Heilung kommen. Allerdings nur, wenn die Seele der Zielperson dies zulässt.

Egal, was wir tun – letztlich sind wir immer nur uns selbst gegenüber verantwortlich. Niemand wird uns für irgendwelche Fehler zur Rechenschaft ziehen. Das jüngste Gericht, am Tage nach unserem Tod, wird uns selbst zum Richter haben. Und dabei ist noch nicht einmal gesagt, dass wir die Angeklagten sind.

Wir stehen lediglich auf dem Prüfstand unserer eigenen Bewertungsregeln. Wenn wir aus dem eigenen – unserem Bewusstseinsstand entsprechenden – Blickwinkel unsere Taten als gut bewerten, dann ist das für die Schöpfung ebenso in Ordnung, als wenn wir uns dafür selbst verurteilen.

Es liegt an uns, wie sehr wir die Welt, die Schöpfung, unsere Mitmenschen und das ganze Leben lieben und wie liebevoll oder streng wir mit uns selbst urteilen. Niemand wird uns verbieten, dass wir uns selbst verzeihen oder auch beglückwünschen. Niemand erwartet, dass wir für unsere Taten bestraft werden. Jede Strafe kann nur aus uns selbst kommen – und je mehr wir uns auf den Pfaden der liebevollen Hinwendung befinden, um so leichter dürfte es uns fallen, eigene Fehler zu erkennen und uns dennoch dafür noch zu lieben und zu verzeihen.

Ob andere uns verzeihen würden spielt dabei überhaupt keine Rolle, weil nur jeder sich selbst zu bewerten hat.

Bei der Frage also, wann wir heilen dürfen und wann nicht, kann nur ein Satz richtig sein: „Werte die Situation nach Deinen eigenen Maßstäben. Lass Dich leiten, von Deinen Gefühlen, nicht so sehr vom Kopf. Entscheide aus Deinem Selbst heraus und wenn Du eine Heilung unterstützen möchtest, möglicherweise auch gegen den Willen der Angehörigen, dann sei Dir bewusst, dass Du alleine dafür verantwortlich zeichnest, was Du tust. Tust Du etwas aus Liebe, dann frage Dich, ob eine Handlung aus Liebe etwas Gutes ist und ob diese Handlung gut ist. Trenne dabei genau die Gefühle in Dir.
Handelst du, weil Du nicht loslassen möchtest, weil Du jemand anderen festhalten willst oder an Dich binden willst? Handelst du, weil Du Angst vor dem Alleinsein hast?

Handelst du, weil Du einen Vorteil nicht verlieren möchtest? Oder handelst du, selbst wenn es für Dich ein Nachteil sein wird?"

Bewerte Dein Handeln für Dich selbst und dann fühle Dich frei zu tun, was Du tun möchtest. Niemand wird Dich für etwas beschuldigen, was Du aus Deinem innersten reinen Gewissen heraus getan hast. Selbst, wenn Du später denkst, es wäre falsch gewesen. Es spielt nur das eine Rolle, was wir im hier und jetzt mit unserem ganzen Sein entscheiden und tun.

Ob sich die Dinge dadurch verändern und wie sich die Dinge verändern liegt danach einzig und alleine an den Wirkmechanismen des Universums und darf als „ganz normal" betrachtet werden.

Gehe immer davon aus, dass Dein Handeln gut und richtig ist. Du handelst als Lichtarbeiter oft oder meist auch zusammen mit geistigen Helfern. Auch Deine geistigen Helfer können Dir bei den Entscheidungen helfen und Dich unterstützen zu erkennen, was für Dich und für die Zielperson das Beste ist.

Höre auch auf Dein Herz, höre auf Deine geistigen Helfer. Handle im Einklang mit Dir selbst und mit allem, was Dich ausmacht und was Dir wichtig ist.

Du entscheidest und Du trägst dafür dann auch die Verantwortung. Und so sei es.

Denkt nicht zu viel nach. Handelt mit dem Herzen und Ihr erkennt sehr schnell und ganz leicht, was richtig ist.

# Vorgehensweise bei der Behandlung

Sobald Ihr Euch der geistigen Welt und auch den Menschen zur Verfügung stellt, als positive Menschen mit geistig-energetischen Methoden zu helfen und Heil-Behandlungen durchzuführen, wird es sich sicherlich so ergeben, dass die Menschen, die einen spirituellen Ansatz für ihre Heilung wünschen, den Weg zu Euch finden werden.

Euer Bewusstsein ist darauf eingestellt, zu helfen. Die Menschen, die zu Euch kommen, erhoffen sich Hilfe über Euch. Zunächst solltet Ihr durchaus Vertrauen dazu haben, dass sich die Euren Wege und die der Hilfesuchenden deswegen kreuzen, weil nun genau der richtige Moment dafür ist, gemeinsam ein Stück weit an dem vorliegenden Problem zu arbeiten.

Macht Euch bitte von allen Vorstellungen frei, die sagen, dass Ihr helfen müsst oder dass Ihr Erfolg haben müsst. Gebt keine Versprechen ab – ganz einfach aus dem simplen Grund, weil Ihr nicht wissen werdet, ob Eure Heilbemühungen, Eure Aktivitäten sich in der Form auswirken, wie Ihr es mit Eurem nur allzu menschlichen Verstand erwünscht oder erhofft.

Was zählt, ist Eure Bereitschaft, helfen zu wollen, Eure positive Einstellung und Eure Hinwendung an die Hilfesuchenden.

Ihr stellt Euch als Kanal, als Medium, als Vermittler für die Energien zur Verfügung, die der Heilungssuchende benötigt, um den Weg zur Heilung einschlagen zu können.

Ihr seid Vermittler. Und Ihr werdet Eure Aufgabe umso mehr und umso besser erfüllen können, je mehr Ihr hierbei lediglich beobachtet und die energetischen Vorgänge einfach geschehen lasst.

Lasst es zu, dass die Energien über Eure Hände oder durch Eure Gedanken fließen.

Lasst es zu und beobachtet, wie Eure geistigen Helfer aktiv in den Behandlungsprozess unterstützend eingreifen.

Beobachtet und lernt – und nehmt Euch selbst, Euer Ego, Euer Bedürfnis nach Erfolg und Anerkennung, so weit als möglich aus diesen geistigen Heilvorgängen heraus.

Stellt Euch selbst nicht in den Weg. Tretet einen kleinen Schritt zurück. Unterstützt die Heilvorgänge, seid Vermittler und Beobachter und lasst die Wunder über Euch geschehen.

Wenn Ihr aus dem Bewusstsein heraus handelt, helfen zu wollen, dann wird nur Gutes und Hilfreiches sich ereignen. Nur die Dinge werden geschehen, die aus der liebevollen Zuwendung heraus für den oder die Hilfesuchenden zielführend sind.

Es darf durchaus als normal betrachtet werden, dass die Heilbehandlung für die Hilfesuchenden als angenehm empfunden wird und sie durchaus das Gefühl haben, dass es Ihnen nach dem Besuch bei Euch besser geht als zuvor. Das sollte in aller Regel immer so sein. Solange es so ist, dass die Zeit mit Euch und Eure helfenden Aktivitäten als angenehm, hilfreich, aufbauend und positiv empfunden werden, so lange seid Ihr selbst immer auf dem richtigen Weg.

Prüft Euch ständig selbst. Stellt Euch ständig selbst in Frage. Behaltet aber auch immer Euer Vertrauen in die geistigen Helfer, die Ihr mit der Zeit immer besser kennen lernen werdet.

Wendet Euch an Eure Helfer, wenn Ihr Fragen habt. Ihr dürft alles fragen, was Ihr wissen möchtet und worin Ihr Unterstützung haben möchtet. In aller Regel wird es so sein, dass Eure ganz persönlichen geistigen Helfer Euch Antworten geben. Antworten, die Ihr selbst als hilfreich für Euch empfinden werdet.

Sicherlich erhaltet Ihr manchmal Antworten, die Ihr so nicht erwarten würdet, doch mit ein wenig Nachdenken wird sich in aller Regel für Euch herausstellen, dass die Antworten, die Ihr von Euren geistigen Helfern bekommt, von einer tiefen Weisheit getragen sind.

Dies wird Euch ein gutes Gefühl geben und Eure Vertrautheit zu Euren persönlichen geistigen Helfern mit der Zeit immer mehr steigern und festigen. So soll es sein.

Wendet Euch also bei allem, was Ihr während einer Heilbehandlung tut, Euren Hilfesuchenden zu.

Nutzt dabei Eure Intuition. Es wird zu Beginn ein wenig Aufmerksamkeit erfordern, Eure eigene innere Stimme wahrzunehmen und darauf zu achten.

Das ist ganz normal. Euer Verstand wird sich zu Beginn mit großer Wahrscheinlichkeit einmischen, wird sich melden und sagen: „Das habe ich so nicht gelernt. Das ist nicht nötig so." Oder: "Ach was. Das brauche ich nicht zu machen. Wozu soll das denn gut sein?".

Unser Rat kann hier nur lauten: Sobald Ihr Eure innere Stimme wahrnehmt, achtet darauf und setzt um, was Eure Intuition Euch anleitet zu tun.

Habt Ihr das Gefühl, Ihr solltet ein bestimmtes Chakra mitbehandeln oder zwei Körperregionen energetisch miteinander verbinden, damit auf der energetischen Ebene wieder Kommunikation stattfindet, oder falls Ihr den Eindruck habt, Ihr solltet die Reihenfolge Eurer Behandlungstätigkeiten dieses Mal ändern, so folgt einfach Eurer inneren Stimme.

Tut das, was Eure innere Stimme, Eure Intuition Euch in diesem Moment rät.

Nach der Behandlung werdet Ihr in aller Regel genügend Zeit und Gelegenheit haben, in Euren Büchern und Unterlagen nachzulesen, warum die innere Stimme das Eine oder Andere Euch geraten hat. In den allermeisten Fällen werdet Ihr den Grund dafür finden und dann auch verstehen, wofür dieses innere Signal sinnvoll war.

Auch das wird Euer Vertrauen in die eigene Intuition und in das „geführt und unterstützt werden" aus der geistigen Welt stärken. Ihr werdet lernen, immer besser damit umzugehen und Eure Behandlungen werden dadurch immer sicherer und routinierter.

Bleibt dennoch immer aufmerksam und wachsam. Haben mehrere Hilfesuchende das selbe Problem, vielleicht eine Allergie oder Schmerzen an der selben Stelle, so wird es doch in aller Regel so sein, dass jeder Hilfesuchende eine andere Krankheitsursache hat und damit auch einen anderen Behandlungsansatz benötigt. Bleibt aufmerksam. Schöpft aus Euren Erfahrungen und stellt Euch aber auch immer wieder aufs Neue den unbekannten Herausforderungen.

Ihr werdet immer selbst im Lernprozess bleiben. Habt Ihr mehrere Hilfesuchende mit ähnlichen Beschwerden erfolgreich behandelt, so ist es völlig normal, dass es beim Nächsten dann mal wieder doch nicht sofort reibungslos verläuft. Plötzlich bekommt Ihr von Euren geistigen Helfern ein „Nein" zu hören, Euer Vorgehen wird diesmal nicht in gewohnter Art und Weise stattfinden können oder der oder die Hilfesuchende reagiert nicht sofort mit einer Besserung des Zustandes. Betrachtet auch das als völlig normal.

Entweder liegt noch eine weitere Ursache vor, die zuerst gefunden werden möchte, bevor der Heilprozess beginnen kann, oder Ihr selbst sollt an diesem Fall etwas Neues lernen und deshalb wird die Situation für Euch ganz bewusst „erschwert".

Die geistige Welt ist immer daran interessiert, dass ein gemeinsamer Wachstumsprozess, ein ganzheitlicher Prozess der Hinwendung zum allumfassenden und ewigen Licht und zur universellen Liebe hin stattfindet.

Und aus diesem Grund geschehen Dinge, die Ihr nicht sofort verstehen werdet. Bei näherer Betrachtung allerdings sollte sich in den allermeisten Fällen der Sinn des Gesamten dann doch für Euch erschließen lassen.

Erkennt den Sinn hinter den Zusammenhängen und Eure innere Weisheit wird daran wachsen.

Bleibt immer neugierig, versucht die Zusammenhänge zu verstehen und Ihr werdet immer wieder interessante und hilfreiche Erfahrungen machen.

Einige Dinge sind für die Behandlung von großer Wichtigkeit.

Zunächst einmal wird der oder die Hilfesuchende auf Euch treffen. Möglicherweise in Euren Räumen, Euren Heilzimmern oder in Eurer Praxis, falls Ihr neben den energetischen Tätigkeiten auch noch einen anderen Heilberuf ausübt. Der erste Eindruck ist immer wichtig. Beim ersten Eintreffen in Euren Räumen, bei den ersten Worten, Eurem Auftreten und Eurer ganzen Erscheinung wird sich sehr schnell entscheiden, ob eine **Basis des Vertrauens** entsteht, oder besser formuliert, vorherrscht. Denn ist dieses Vertrauen nicht sehr schnell da, wird es weniger leicht. Ohne Vertrauen wird es eher schwierig, zu helfen. Wo kein Vertrauen herrscht ist es in aller Regel besser, eine Behandlung freundlich aber eindeutig für nicht sinnvoll zu erklären und nach anderen Möglichkeiten der Hilfe zu suchen.

Es ist durchaus wichtig zu verstehen, dass Ihr nicht jedem helfen müsst, braucht oder sollt, der Euch begegnet.

Es kann auch eine Lernaufgabe für Euch sein, festzustellen, dass Ihr das nötige Wissen habt um helfen zu können, dass Eure Hilfe aber, vielleicht sogar von einem geliebten Menschen, nicht gewünscht wird.

Auch wenn es Euch schwer fällt, das zu akzeptieren, lernt immer, die Entscheidungen der oder des Hilfesuchenden anzunehmen, ohne zu hinterfragen. Ihr kennt nicht den weiteren Lebensweg der oder des Hilfesuchenden und nur sie oder er hat das Recht und auch die Aufgabe, hier eine eigene Entscheidung zu treffen. Ihr könnt Euch nur für die Hilfe zur Verfügung stellen. Und nur, wenn Eure Hilfe gerne angenommen wird, dann helft.

Vertrauen ist also die Basis für den Beginn Eurer helfenden Tätigkeiten, für den Start Eurer Heilbehandlung.

Es sollte eine **gute Atmosphäre im Raum** herrschen, ein Klima, in dem sich die Anwesenden wohlfühlen können.

Es ist ganz wichtig, dass Ruhe und Harmonie bei der Behandlung herrschen und die Möglichkeit zur Entspannung geschaffen ist. Hierbei kann es wichtig sein, darauf zu achten, ob bestimmte Personen, Angehörige, Freunde oder Ehepartner, im Raum bleiben können oder besser den Raum verlassen sollten. Achtet darauf und setzt Eure Vorstellungen in diesem Punkte um.

Habt Ihr das Gefühl, es wäre besser, wenn eine Person den Raum verlassen sollte, die Anwesenden möchten aber als solche zusammen anwesend bleiben, so integriert diese Situation so gut als möglich in Eure Heilbehandlung.

Das Wichtigste bleibt immer, dass Ihr Euch dem oder der Hilfesuchenden zuwendet.

Die Rahmenbedingungen können hierbei auch durchaus einmal erschwert sein.

Vielleicht liegt hier auch noch eine Lernaufgabe für die Anwesenden vor, entweder, die eigenen Wünsche besser durchzusetzen oder das Loslassen zu lernen. Beides können Randthemen sein, die für die jetzt anstehende Behandlung nicht hinderlich sind.
Bleibt flexibel und passt Euch den Situationen an.

Versucht immer, die bestmöglichen Rahmenbedingungen für eine harmonische und friedliche Heilatmosphäre zu schaffen und dort, wo dies nicht so gut gelingt, erkennt den Ansatz der Erkrankung, der vielleicht auch hier zum Ausdruck kommt!

Zu Beginn sollte ein Gespräch stattfinden, bei dem Ihr erfragt, um welches Problem es sich handelt, und welche Aktivitäten zur Lösung hier bereits unternommen wurden. Vielleicht gibt es bereits ärztliche Befunde und genaue Erkenntnisse darüber, welche Erkrankung beim Patienten aus schulmedizinischer Sicht vorliegt. Das kann Euch helfen, das Problem besser zu verstehen und die Lösungswege schneller zu erahnen.
Das Gespräch sollte so ruhig und so sachlich als möglich sein. Fragt alles, was Euch hilft, die vorliegende Krankheit zu verstehen.
Fragt danach, wann die Krankheit begonnen hat und versucht herauszufinden, wie die Krankheit entstanden ist. Erkennt, wenn immer möglich, die manchmal auch vielschichtigen Ursachen für die Erkrankung.

Wenn Ihr eine Vorstellung von der Krankheit bekommen habt und vielleicht auch den Sinn verstanden habt, warum die Krankheit zum Ausbruch gekommen ist, dann habt Ihr damit wichtige und wertvolle Informationen, die Euch beim Heilvorgang unterstützen können.

Und auch für die Hilfesuchenden kann und wird es oft sehr sinnvoll sein, über die Ursachen der eigenen Krankheit Bescheid zu wissen und zu verstehen, welche Botschaft die Krankheit übermitteln möchte.

Ist die Botschaft angekommen und verstanden, hat man gute Voraussetzungen erreicht, damit die Krankheit sich auch wieder auflösen kann.

Gerade bei energetisch-geistigen Heilvorgängen ist es besonders hilfreich, wenn die Hilfesuchenden an die geistigen Realitäten glauben. Die Gedanken manifestieren die Realität. Ein Mensch, der jegliche geistige Komponente, jede göttliche Existenz leugnet, hat keine Kraft, sich selbst die Heilung gedanklich vorzustellen. Mag der Wunsch nach Heilung auch noch so groß sein – ein Mensch, der **das göttliche im Universum** verleugnet – schneidet sich selbst von der universellen Quelle der Heilenergien ab. Seine eigenen Gedanken machen ihn zum Gefangenen der Realität und auch zum Sklaven seines realen Krankheitszustandes.

Hier könnt Ihr als eine Möglichkeit die geistige Welt um Hilfe bitten, dass dieser Mensch mit einem Akt der Gnade auf den Pfad der Anbindung an die geistigen Energien zurückgeführt wird.

Wollt Ihr selbst eine bewusste Umkehr bei dem Betroffenen erreichen, so kann dies ein langer Prozess werden und bisweilen auch ein völlig unmögliches Unterfangen sein.

Der leichtere Weg ist es hier, die geistige Welt um Unterstützung zu bitten, um diesen bedeutenden Prozess einzuleiten. Ihr selbst könnt Eure Zeit dabei sehr viel sinnvoller für andere Menschen oder für Euch selbst nutzen.

Auch für den Kranken kann es wichtig sein, zu verstehen, dass seine **Krankheit eine Botschaft** übermitteln möchte und dass es ein großer Vorteil ist, diese Botschaft zu erkennen und diese Botschaft in entsprechende Maßnahmen für das eigene Leben umzusetzen. Ist die Botschaft verstanden und wurde das Leben an die Botschaft sinnvoll angepasst, dann kann Heilung auch ungehindert geschehen, so lange der Körper die nötige Kraft für die Regeneration besitzt.

Dieses **Gespräch zu Beginn der Heilbehandlung** stellt einen wichtigen Baustein im Ablauf Eurer Sitzung dar. Die Dauer wird individuell und nach den jeweiligen Gegebenheiten unterschiedlich lange sein und kann von etwa 20 Minuten bis zu einer Stunde dauern.
Lasst Euch auch hier von Eurem persönlichen Gefühl leiten und berücksichtigt durchaus aber auch Euren eigenen Tagesablauf oder Zeitplan. Denn auch die alltäglichen Rahmenbedingungen wollen und sollen in Euer Leben als geistig-energetisch handelnde Menschen integriert sein!
Habt Ihr gerade nicht mehr Zeit zur Verfügung, dann kürzt das Gespräch entsprechend ab. Es wird für die Behandlung trotz allem in Ordnung sein.
Habt Vertrauen. Nehmt Euch so viel Zeit als nötig für die Hilfesuchenden aber grenzt deren Zeitbedarf an Euren eigenen Bedürfnissen ganz klar ab. Euer Wohl geht immer vor das Wohl der Anderen!

Ihr handelt aus dem Wunsch heraus, zu helfen. Das ist gut so. Ihr dürft Euch selbst dabei aber nicht vergessen. Gebt Euch selbst auch das richtige Maß an Bedeutung als Mensch und setzt Eure Bedürfnisse immer auch an die hierfür passende Stelle in Eurem Leben. Bleibt Euch selber treu und folgt nur Eurer inneren Stimme und sonst niemandem!

Sobald das Gespräch beendet ist, und manchmal auch bereits während des Gespräches, beginnt Ihr mit dem **„Ausmessen"** der energetischen Situation im und am Körper, in der Aura, den Meridianen und den Chakren.

Das Ausmessen stellt eine Geduldsprobe für die Hilfesuchenden dar und sollte daher nicht allzu lange dauern. Ihr solltet lieber etwas kürzer messen und mehr auf die eigene Intuition vertrauen. Aber dies ist Übungssache.
Gebt Euch selbst genügend Zeit für Eure Messungen und versucht dabei, innerhalb weniger Minuten Eure Messwerte zu sammeln.

Habt Ihr nun die energetischen Dissonanzen im Energiekörpersystem der Hilfesuchenden festgestellt, dann beginnt Ihr mit der **Übertragung der geistigen Heilenergien**.

Ihr begebt Euch hierzu in einen entspannten Zustand, bereitet Eure Hände und Gedanken auf das Fließen lassen der heilenden universellen Energien vor und beginnt mit der Energieübertragung.

Es wird immer eine sinnvolle Reihenfolge hierbei geben und auch das erfordert ein gewisses Maß an Übung und Erfahrung. Folgt auch hier wieder Eurer Intuition und Eurem Vertrauen. Wann immer nötig oder hilfreich, **fragt Eure geistigen Helfer**! Sie werden Euch unterstützen!

In aller Regel wird man beginnen, die Aura einzurichten oder zu reinigen, falls nötig. Danach empfiehlt es sich, die Meridiane zu behandeln und schließlich einzelne Organe und auch die Chakren.

Die Haupt-Chakren sind das energetisch hochwertigste System im menschlichen Energiekörpersystem und haben den größten Einfluss auf das Gesamtbefinden und den Heilungsprozess. Wie bei einem Bach oder Fluss ist es auch hier von großer Bedeutung, ob die Untersysteme auch bereits harmonisiert wurden, da sich sonst, wie in einem Bach, der von Steinen in seinem Lauf behindert wird, Strudel und Verwirbelungen bilden können, die insgesamt störend wirken können.

Das Wasser, oder die Chakrenenergie, wird sicher fließen, doch harmonischer wird es sein, wenn die Unebenheiten in der Aura, dem Meridiansystem oder den Organen bereits behoben sind – also vergleichbar mit den Steinen, die man aus dem Bachbett gehoben hat, damit das Wasser ruhig und ohne Störung an seinen Bestimmungsort weiterfließen kann.

Ob die heilenden Energien auch angenommen werden, könnt Ihr selbst nicht sagen. Ihr könnt, auch bei den allerbesten Absichten und mit der allergrößten Erfahrung, niemals sicher sein, ob tatsächlich eine Heilung stattfinden wird – und schon gar nicht könnt Ihr derartiges versprechen.

**Erklärt den Hilfesuchenden nach der Behandlung, was Ihr für Sie getan habt** und erklärt Ihnen, dass es sein kann, dass sie eine Veränderung an sich selbst feststellen, dass es aber auch sein kann, dass es eine gewisse Zeit brauchen kann, bis sich Veränderungen erkennbar zeigen, oder dass es auch sein kann, dass zunächst auch gar nichts Verändertes gespürt wird. Entscheidend ist letztlich, ob die Hilfesuchenden im Anschluss an die Behandlung eine Besserung feststellen.
**Fragt die Hilfesuchenden nach der Behandlung, ob sie eine Besserung spüren** können und erklärt Ihnen, falls sie keine sofortige Besserung spüren, dass es auch eine gewisse Zeit dauern kann, bis sich Veränderungen einstellen.

Grundsätzlich sollte sich bei einer erfolgreichen Behandlung ein verbesserter Zustand einstellen und die Krankheit zurückgehen. Heilung sollte sich einstellen und der Mensch gesunden.

Wurden vor der Behandlung irgendwelche **Medikamente** eingenommen, so ist der Arzt, der die Dosierung verordnet hat auch dafür zuständig, die weitere Dosierung zu überprüfen und bei einer Veränderung des Gesundheitszustandes, diese anzupassen oder das Medikament abzusetzen.

Weder der Patient selbst und schon gar nicht der energetisch Behandelnde sollten hierüber entscheiden!

Nur der, der die Medikamente verordnet hat, sollte diese auch reduzieren oder absetzen lassen.

Alles andere wäre unverantwortlich und entspricht auch nicht dem Grundgedanken, dass alle Beteiligten, auch die Ärzte, aus der veränderten Situation, die möglicherweise durch die energetische Heilbehandlung geschaffen wurde, lernen können.

Nur der Behandelte selbst oder ein Arzt mit seinen diagnostischen Methoden kann und sollte also feststellen, ob tatsächlich eine **Besserung des Gesundheitszustandes** erreicht wurde.

Falls dies tatsächlich geschieht, dann habt Ihr erfolgreich unterstützt!

Wann immer es Euch sinnvoll erscheint, arbeitet mit anderen energetisch arbeitenden Menschen zusammen. Unterstützt Euch gegenseitig und lernt voneinander.

Gemeinsam werdet Ihr Euch schneller weiter entwickeln, werdet Ihr mehr und schneller Erfahrungen sammeln können.

Habt **Vertrauen in Eure geistigen Helfer** – bei Allem, was Ihr tut während der Behandlungen. Hinterfragt Euch selbst immer kritisch und nehmt Euch aus dem Heilprozess so weit als möglich heraus. Euer Ego steht bei der Behandlung nur im Weg und darf zurücktreten. Je besser Euch das gelingt, desto schnellere und bessere Erfolge könnt Ihr erreichen.

Ihr seid die **Vermittler für die universellen Energien** und habt damit eine ganz entscheidende und wichtige Rolle im Heilprozess!
Stellt Euch mit Euren Beinen aber nicht in den Bach, während Ihr die Steine entfernt.
Achtet darauf, dass Ihr trockene Füße behaltet und entfernt die Steine mit Euren Gedanken und mit der Unterstützung Eurer geistigen Helfer.
Dann habt Ihr die besten Voraussetzungen geschaffen, dem Bach am sinnvollsten zu helfen.

Durch Eure Erfahrungen während der Heilbehandlungen und durch Eure Arbeit mit den Hilfesuchenden werdet Ihr **innerlich reifen und wachsen**. Ihr werdet Verständnis für die Schöpfung entwickeln und lernen, auch den Tod als natürlichen Bestandteil Eurer Existenz zu akzeptieren.
Ihr werdet lernen, dass Ihr geistige Wesen seid und die natürlichen Abläufe des Lebens und auch des Sterbens, zu akzeptieren. Ihr werdet auch immer mehr die Gefühle Eures Herzens wahrnehmen. Eure Tore der Wahrnehmung werden sich öffnen, Ihr werdet emphatisch werden, werdet fühlen was die Menschen fühlen, die Euch gegenüber stehen. Ihr werdet wissen, wie Euer Gegenüber fühlt und werdet es spüren, wenn jemand lügt.
Euer Wahrnehmungsvermögen wird über die Grenzen, die Ihr bis dahin kanntet, hinauswachsen.

Das alles wird Euch mit großer Vertrautheit, mit Zufriedenheit und Dankbarkeit erfüllen.

Das wünschen wir Euch und so sei es!

# Heiltechniken

Im Folgenden wollen wir uns einige sehr wirkungsvolle Heiltechniken der geistig-energetischen Lichtarbeit ansehen.

## Auradiagnose

Die Aura als großes Energiefeld, das den gesamten Körper des Menschen umgibt und einschließt, kann mit einem Tensor, einer Einhandrute oder auch mit den energetisierten Händen des Heilers oder der Heilerin selbst sehr leicht und einfach ausgemessen werden.

Zunächst erfühlen oder messen wir die Ausdehnung der Aura und verschaffen uns einen ersten Eindruck darüber, ob die Aura auch die richtige Form hat und mittig zum Körper sitzt.
Nach Schockerlebnissen kann es vorkommen, dass die Aura sich aus bestimmten Körperteilen zurückzieht. Die Folge davon können energetische Unterversorgungen und damit schlechte Bedingungen für die erfolgreiche Aktivierung der Selbstheilungskräfte sein.
Wir messen also Form und Lage der Aura. Stellen wir dabei fest, dass die Aura korrigiert werden sollte, so bewegen wir die Aura mit unseren „Heilenden Händen" derart, dass sie wieder richtig sitzt.
Das Selbe tun wir mit dem „Äquator", der sich wie eine Scheibe etwa auf Höhe des Bauchnabels befinden sollte und ein Indikator für den Säure-Basenhaushalt des Menschen ist.
Wir erfühlen oder messen die Lage des Äquators und – falls nötig – dann bringen wir den Äquator mit unseren energetisierten Händen oder auch mit unseren Gedanken wieder in die richtige Position und Lage.

Wir können mit unseren Fingern Störungen aus der Aura entfernen, indem wir sie herauszupfen oder herausstreichen und wir können auch mit unseren Gedanken die Aura von oben nach unten durchgehen und dabei alles, was nicht hineingehört, nach unten, in die Erde, abfließen lassen.

Genauso gut können wir, wenn wir feststellen, dass die Aura zu schwach ist, kosmische Energie und Erdenergie von oben und von unten in die Aura einfließen lassen.

Üben Sie diese Techniken und lernen Sie, Vertrauen in Ihre eigenen Kenntnisse aufzubauen.

Die Kontrolle, ob eine bestimmte unterstützende Maßnahme tatsächlich hilfreich und zielführend war, erhalten wir, indem wir unsere Patient(inn)en nach der Heilbehandlung nach deren Befinden befragen.

Ein Patient, der mit Unwohlsein oder Beschwerden gekommen ist, sollte normalerweise auch in der Lage sein festzustellen, ob eine Verbesserung des Ausgangszustandes zu verspüren ist.

Diese Aussage ist unsere Kontrollmöglichkeit. Wir bedenken dabei auch, dass manche Heilvorgänge schnelle Verbesserungen ergeben und andere Heilverläufe durchaus auch längere Zeit brauchen können, bis ein Effekt spürbar oder erkennbar wird.

## Meridiandiagnose

Die Meridiane messen wir am besten mit einer Einhandrute, einem Tensor oder einem Pendel aus. Gemäß dem allgemeinen Grundsatz „rund ist gesund" sollten wir schöne runde Messergebnisse bekommen, entweder Linksdrehungen oder auch Rechtsdrehungen an unserem Anzeigeinstrument.

Ein Blockieren oder reine Pendelbewegungen zeigen uns an, dass nicht alles „rund läuft" und der jeweilige Meridian eine energetische Korrektur erhalten sollte.

Die Messpunkte der Meridiane an den Fingern und Zehen liegen jeweils an den beiden Seiten der Finger- oder Zehennägel.

Lassen Sie sich von allzu vielen Unstimmigkeiten beim Ausmessen der einzelnen Meridiane nicht beunruhigen. Spielen zu viele Meridiane „verrückt", so kann die Ursache auch im Halschakra liegen, denn die Meridiane werden von dort aus gesteuert.

Behandelt man das Halschakra, dann ist ein häufiger Nebeneffekt, dass die Meridiane energetisch wieder „richtig gut" aussehen.

## Chakrendiagnose

Chakren auszumessen erfordert entweder eine feine Sensibilität oder eine längere Übungspraxis mit der Einhandrute, dem Pendel oder Tensor.

Allerdings sollten Sie auch darauf achten, dass Sie nicht selbst anfangen, in Gedanken Ihre eigenen Messergebnisse einzuschränken, indem Sie glauben „Das kann ja noch nicht funktionieren, weil ich noch zu wenig Übung habe."

Wenn die geistige Welt es für richtig hält, dann wird es funktionieren, auch wenn Sie selbst noch ganz am Anfang Ihrer praktischen Übungen und Erfahrungen stehen.

Gleichwohl sollte hier angemerkt werden, dass es bei den sehr Geübten auch häufig vorkommt, dass sich eine gewisse Voreingenommenheit oder Ignoranz einstellt, die dazu führt, dass ganz bestimmte Messergebnisse erwartet und damit praktisch selbst herbeigeführt werden.

Hüten Sie sich davor, auf Ihr eigenes Ego hereinzufallen!

Gehen Sie immer wieder einen kleinen Schritt zurück (im übertragenen oder geistigen Sinne) und gehen Sie so weit als möglich den energetischen Abläufen mit Ihrem Verstand „aus dem Weg".

Rechnen Sie immer mit dem Unerwarteten und bleiben Sie stets offen für ungewöhnliche Messergebnisse.

Lernen Sie aus dem, was Sie erkennen können.

Scheuen Sie die Routine und nehmen Sie jeden einzelnen Patienten immer wieder aufs Neue als Herausforderung. Jede Krankheitsursache kann sich voneinander unterscheiden, auch wenn Sie die selbe Krankheit schon zigmal erfolgreich behandelt haben.

Es kann als geistiges Gesetz angesehen werden, dass wir, als Behandelnde, auch durch die geistige Welt immer wieder vor neue, noch nicht da gewesene Situationen gestellt werden.

Dies fordert und fördert uns und so lernen wir mit jedem neuen Einsatz auch immer wieder selbst dazu.

Seien Sie dafür stets offen.

## Affirmationssätze

Es kann sehr hilfreich und unterstützend sein, wenn wir unseren Patienten während der geistig-energetischen Heilbehandlung auch sogenannte „Affirmationssätze" mit auf den Weg geben. Das sind Sätze, die der Seele als Ermutigung dienen können, bestimmte Denkweisen neu zu erlernen oder anzunehmen.

Hierbei handelt es sich um Sätze wie zum Beispiel: „Ich habe ein Recht darauf, meine eigenen Entscheidungen zu treffen. Ich darf voller Vertrauen in meine Zukunft blicken. Es ist in Ordnung, wenn ich mir Zeit für mich selbst erlaube. Ich habe das Recht, meine eigene Kraft zu nutzen, um meine eigenen Ziele damit bestmöglich zu unterstützen.

Ich darf meine Meinung vertreten – auch gegen den Widerstand meiner Mitmenschen. Ich habe das Recht, für mich selbst bestmöglich zu sorgen. In Freude und Liebe nehme ich meine Freiheit an und handle so, wie es meiner Seele am besten entspricht. Ich darf glücklich sein. Ich bin voller Vertrauen in das Leben und genieße jeden Tag, so weit es mir nur möglich ist."

Solche und ähnliche Sätze können wir unseren Patienten mitgeben. Lassen Sie dabei ihrer Intuition ruhig freien Lauf. Es werden dann ganz wie von selbst die passenden Sätze zu Ihnen kommen. Diese können sie dann – je nach Situation und Patient – entweder laut aussprechen oder aber auch nur denken. Selbst die rein gedachten Affirmationssätze haben eine genauso starke Wirkung, wie die gesprochenen!

## Wirbelsäulendiagnose

Die Wirbelsäule messen wir immer von oben nach unten aus. Auch hier gilt bei den Messergebnissen unserer Einhandrute oder des Pendels wieder „rund ist gesund".

So messen wir einen nach dem anderen Wirbel aus und stellen fest, ob und wo Störungen oder Blockaden vorhanden sind.

Jeder einzelne Wirbel hat eine ganz bestimmte Bedeutung. So gibt es zum Beispiel einen Wirbel, der im Zusammenhang mit Allergien steht. Ein anderer Wirbel hat einen Bezug zum Mund, zu den Lippen und zur Nase. Wieder ein anderer Wirbel ist mit dem Herzen verbunden.

Störungen am Wirbel – etwa durch eine Prellung, eine Verletzung oder durch ein bloßes Verrutschen, können sich auch auf das zugehörige Organ auswirken! Ein Herzproblem kann demnach auch von einem verrutschten oder verletzten Wirbel mit verursacht werden!

Es lohnt sich in jedem Fall, die Bedeutungen der Wirbel zu kennen, um auch solche Zusammenhänge zu verstehen und bei der Problemlösung mit berücksichtigen zu können.

Eine sehr gute Auflistung der einzelnen Wirbel und deren Bedeutung findet sich zum Beispiel in dem Buch „Heile Deinen Körper" von Louise Hay.

Haben wir die problematischen Wirbel erkannt, dann beginnen wir mit der energetischen Heilbehandlung.

Wir visualisieren blaues Licht und lassen es von oben in die Wirbelsäule einstrudeln. Dabei stellen wir uns vor, wie das heilende Licht vom oberen Wirbel in den nächsten Wirbel nach unten fließt – in ständigen Drehbewegungen, so wie Wasser, das nach unten fließt und sich dabei dreht.

Kommen wir an einen problematischen Wirbel, dann kann es sein, dass unser Licht nicht weiter nach unten fließen mag. In diesem Falle bleiben wir geistig-energetisch so lange bei diesem Wirbel, bis der Durchfluss des blauen Lichtes funktioniert.

Um diesen Vorgang bestmöglich zu unterstützen halten wir unsere „Energie abgebende Hand" an das obere Ende der Wirbelsäule am Hinterkopf und gehen mit der „Energie aufnehmenden Hand" die Wirbelsäule entlang langsam nach unten.

Sind wir endlich mit unserer Hand am unteren Ende der Wirbelsäule angelangt, dann stellen wir uns den Energiefluss noch einmal deutlich als Ganzes vor. Wir visualisieren, wie das blaue Licht von oben bis nach unten durch die Wirbelsäule fließt und sich dabei dreht.

Gleichzeitig sprechen wir während der Behandlung laut zum Patienten: „Alle Muskeln und Sehnen entlang der Wirbelsäule entspannen sich und werden locker und leicht. Alle Muskeln und Sehnen entlang der Wirbelsäule werden locker und leicht und entspannen sich." Wir wiederholen diesen Satz nach Bedarf auch mehrmals.

Auch Affirmationssätze können während einer Wirbelsäulenbehandlung oft sehr sinnvoll ergänzend mit eingesetzt werden.

Nach der Behandlung lassen wir den Patienten den Kopf bewegen, nach links und rechts schauen, dann aufstehen und ein paar Schritte gehen.

Dabei kann es nun schon passieren, dass der eine oder andere Wirbel, der zuvor verrutscht war, sofort wieder in die richtige Position zurückrutscht. Manchmal ist das auch deutlich hörbar. Das Zurückrutschen kann aber auch eine Weile dauern und vielleicht erst über Nacht eintreten.

Wie immer ist alles möglich.

Insgesamt handelt es sich bei dieser Methode der Wirbelsäulenbehandlung um eine sehr sanfte Methode, die in der Anwendung keinerlei Schmerzen beim Patienten verursacht. Sie kann völlig berührungslos durchgeführt werden – im Gegensatz zu den oft sehr schmerzhaften Eingriffen eines Chiropraktikers beim Einrenken von verrutschten Wirbeln.

Sollten wir bei der Behandlung feststellen, dass doch ein massives Problem an einem oder mehreren Wirbeln vorliegt, dann helfen wir zum Beispiel mit den Methoden der „Geisteschirurgie" weiter.

## Geisteschirurgie

Wir bitten bei der Technik der Geisteschirurgie unseren geistigen Helfer, die notwendigen Heilbehandlungen durchzuführen oder zu unterstützen. Hierbei kann es zu den unterschiedlichsten Eindrücken für uns kommen.

Am Beispiel der problematischen Wirbel kann es folgendermaßen aussehen: Entweder wird ein Wirbel bildlich von unserem geistigen Helfer in die richtige Position gedrückt oder vielleicht sogar entfernt und durch einen neuen Wirbel ersetzt.

Es kann auch sein, dass die Wirbelsäule mit einer Art „Gummibänder" stabilisiert wird oder dass einzelne Bandscheiben mit einem leuchtenden Gel bestrichen werden.

Solche Sinneseindrücke sind bei einer Behandlung in Form der „Geisteschirurgie" völlig normal und können auch bei jeder neuen Behandlung wieder neue Formen und Gestalten annehmen.

Die geistige Welt hat hier sehr viele unterschiedliche Methoden und es ist äußerst interessant, hier mit beobachten zu dürfen, was gemacht wird und passiert.

## Farbheilung (Energieübertragung)

Die Farbheilung ist eine sehr wirkungsvolle Methode innerhalb der energetisch-geistigen Heilweisen, die sehr leicht zu erlernen ist und auch sehr zielführend und einfach einzusetzen ist.

Bei der Farbheilung visualisieren wir, wie wir einem Menschen, der unter einer Krankheit leidet, das betroffene Organ oder die betroffene Körperregion mit farbigem Licht bestrahlen, um eine Heilungsreaktion in Gang zu bringen.

Stellen wir uns kurz vor, ein Mensch kommt zu uns und klagt über Leberschmerzen.

Nachdem wir unser Einführungsgespräch durchgeführt haben, um die Hintergründe, Ursachen und Zusammenhänge aufzufinden und dem Betroffenen bewusst zu machen, und nachdem wir vielleicht auch ausgemessen haben, dass die Leber energetisch nicht ausgeglichen ist, fangen wir mit unserer Heilbehandlung an.

Wir stimmen uns in einen meditativen Zustand ein und verbinden uns mit dem Gedanken, dass wir nun diesem Menschen gerne helfen möchten, seine Beschwerden los zu werden und seine Krankheit zu lindern oder zu heilen.

Wir nehmen unsere Hände vor uns und führen sie an den Körper des Betroffenen, jeweils vorne und hinten auf der Seite, wo im Körper die Leber sitzt.

Hier wird uns auch sofort bewusst, dass es durchaus Sinn macht, wenn Menschen, die als Heiler tätig werden möchten, eine gewisse Vorstellung davon haben, an welcher Stelle im Inneren des Körpers welche Organe sitzen und auch, welche Aufgaben diese Organe verrichten. Denn jedes Wissen über die Zusammenhänge innerhalb und außerhalb helfen uns weiter, die Gesamtsituation besser zu verstehen und noch effektiver helfen zu können.

Wir lassen dann über unsere Hände die Heilenergie fließen und spüren mit unseren inneren Sinnen bewusst hin, was wir wahrnehmen.

Dabei ist es ein großer Vorteil, wenn wir der Heilenergie, die wir in Form von Licht fließen lassen, auch eine bestimmte Farbe dazu visualisieren. Wir nehmen also an, dass wir die Leber nun mit gelbem oder auch grünem Licht bestrahlen.

Das führen wir so lange durch, bis wir den inneren Eindruck erhalten haben, dass die Leber nun energetisch ausgeglichen ist.

Dabei spielt es keine Rolle, ob wir ein „zuviel" an Energie ins Universum haben abfließen lassen oder ob wir einen Energiemangel der Leber durch Einfließen lassen von Heilenergie aufgefüllt haben. Letztlich kommt es nur darauf an, dass wir mit den Händen spüren, wie der Energiefluss sich „normalisiert" und wie wir die innere Gewissheit, ein Signal oder eine Information, erhalten, dass wir nun mit dem fließen lassen der farbigen Energie aufhören können.

Wir nehmen also unsere Hände wieder zurück, öffnen unsere Augen und sprechen wieder mit dem Betroffenen.

Es ist natürlich von Vorteil, wenn wir eine Vorstellung von der Bedeutung der einzelnen Heilfarben haben, damit wir diese auch ganz zielgerichtet einsetzen können.

Wie gesagt kann die beste Heilfarbe davon abhängig sein, welche Qualität oder Frequenz dem betroffenen Organ oder Körperteil gut tut oder auch, um welches Organ es sich handelt, wo es im Körper sitzt und von welchem Chakra es im Normalfall seine lebenserhaltende Energie bezieht.

Organe im Bauchraum, die in der Nähe des gelben Chakras sitzen, sind zum Beispiel für gelbe Heilenergie sehr empfänglich. Daneben kann aber auch ein Organ im Bauch noch eine weitere „eigene" Farbqualität besitzen, die ebenfalls sehr gut helfen kann.

Die Farbe des Herzchakras, Grün, ist grundsätzlich eine sehr gute Heilfarbe, wenn wir die Zusammenhänge noch nicht so gut kennen und unsere Intuition in dieser Richtung auch noch etwas Übung bedarf. Grün als Farbe des Herzchakras ist auch mit der Qualität des Herzchakras verbunden.

Wir können sagen, es ist die natürliche Heilfarbe der Verbundenheit und der Liebe. Mit Grün können wir immer unterstützen, wenn wir die spezifischen Farben nicht so genau kennen.

Die blaue Heilfarbe können wir nehmen, um Körperregionen abzukühlen, die orange Heilfarbe, um Bereiche oder Organe zu mobilisieren oder zu erwärmen.

Violett ist gut geeignet, um Nerven zu beruhigen und Rot ist eine feurige, hitzige Energie, die sehr sorgsam eingesetzt werden sollte, damit sie nicht verbrennt oder einen Menschen zum Kochen bringt.

So orientieren wir uns also an den Chakrenfarben – Rot – Orange – Gelb – Grün – Blau – Violett und Weiß im Zusammenhang mit den Verbindungen im Körper, also wo ein Organ sitzt oder welche Aufgabe es hat. Danach wählen wir wenn möglich mit Hilfe unserer Intuition die beste Heilfarbe und lassen diese zum Harmonisieren des Energiehaushalts eines Organs oder einer Körperregion dorthin oder von dort weg fließen.

Je besser wir uns selbst, also unser bewusstes Ego, in den Hintergrund nehmen und mit einer ruhigen, meditativen Offenheit den Vorgang der Energieübertragung lediglich beobachten, je besser kann uns unsere Intuition führen, uns zusätzliche Informationen übermitteln, die zum Verständnis der Gesamtlage des Betroffenen hilfreich sind und uns selbst, unser geistiges Selbst, mit in den Prozess aufnehmen, damit auch wir daran lernen und erfahren, wie die großen Zusammenhänge der Schöpfung sich in Zuwendung und liebevoller Harmonie ständig neu entfalten und kreativ und schöpferisch unsere Welt formen.

Je besser und klarer wir mit unseren Gedanken das Bild vom „gesunden Menschen" vor Augen haben, desto mehr formen wir auch den Heilprozess des Menschen aktiv mit. Unsere Gedanken wollen sich realisieren in die Wirklichkeit und das kann ein ganz entscheidender Faktor beim Heilungsprozess sein. Um so mehr, wenn auch der Kranke daran glaubt oder es zulassen kann, dass Heilung bei ihm (oder ihr) eintreten kann, darf und wird.

Die Gedankenkraft gebündelt mit der Kraft unserer positiven Gefühle und der Fähigkeit, über Visualisierung und einen meditativen Entspannungszustand sich zu öffnen für die feinen, geistigen Energien, sind die beste Grundlage für ein zielgerichtetes Heilverfahren.

## Herstellen von Heilwasser

Im Wasser liegt der Ursprung des Lebens. Wasser ist ein Informationsträger und Informationsübermittler. Dieser Grundbaustein des Lebens, der auch einen Großteil des menschlichen Körpers ausmacht und in unserem Organismus viele wichtige Aufgaben erfüllt, kann uns helfen, heilende Energien und geistige Informationen in die Zellen zu bringen.

Daher ist die Herstellung von Heilwasser eine beliebte und auch wirkungsvolle Methode, um einem Menschen schnell und einfach sehr gute Heilinformationen zu vermitteln.

Wir nehmen als Lichtarbeiter ein Glas Wasser in die eine Hand – die Hand, mit der wir über unser Chakra in der Handinnenfläche Energien in das Wasserglas einfließen lassen können. Die „Energie abgebende Hand" also.

Mit der „Energie aufnehmenden Hand" fassen wir unseren Patienten an der Hand. Somit sind unsere beiden Chakren in den Handinnenflächen – also Patient(in) – Heiler(in) – in einer direkten Verbindung miteinander.

Das hilft uns dabei, Informationen vom Patienten zu empfangen und über dessen Handchakra in unser aufnehmendes Handchakra und von dort über unsere Arme und unser abgebendes Handchakra in das Wasserglas zu übertragen.

Nun bitten wir unseren geistigen Helfer, dass er (oder sie) dabei unterstützt, diejenigen Energien, die den Patienten am besten bei seiner Heilung unterstützen können, in das Wasserglas fließen zu lassen.

Wir gehen also im Geiste den Körper des Patienten durch, angefangen von den Füßen über die Beine hoch zum Rumpf, von dort über den Bauch, die inneren Organe, Magen, Herz, Lunge und so weiter, über die Arme und Schultern bis zum Kopf. Wir stellen uns dabei die inneren Organe und Körperteile des Patienten im Einzelnen vor und bitten dabei immer auch, dass unser geistiger Helfer bei allen Organen und Körperteilen, die Hilfe gebrauchen können, die passenden Heilenergien in das Wasserglas einfüllen lässt.

Am Ende dieses Vorganges haben wir dann alle hilfreichen Informationen in dem Wasserglas und wir geben das Glas mit dem ganz speziell für diesen Menschen angefertigten Heilwasser an den Patienten weiter und lassen es ihn (oder sie) in kleinen Schlucken austrinken.

Manchmal können wir auch sehr schnell eine direkte Rückmeldung über die positive Wirkung des Heilwassers bekommen. Allerdings sollten wir uns stets bewusst sein, dass manche Wirkungen auch erst später einsetzen können.

Alles braucht seine Zeit. Manches geht sehr schnell, anderes braucht etwas länger.

## Liebe

Die Liebe ist die Grundlage für jeden Heilungsprozess. Seien Sie wachsam, finden Sie heraus, wo Ihre Patienten ein Problem mit der Liebe haben. Werden bestimmte Körperteile oder Organe lieblos behandelt? Spricht der Patient oder die Patientin herablassend über sich selbst oder über bestimmte Körperteile? Werden Mitmenschen gehasst?

Überall dort, wo ein Mensch nicht wirklich liebt, tritt seine Gesundheit in Gefahr.

Versuchen Sie als Lösungsansatz einen Weg, der zur Erkenntnis führt und die Liebe wieder zurückbringt – so gut das möglich ist.

Falls ein liebevolles Verhältnis zwischen zwei Menschen völlig unmöglich erscheint, dann unterstützen Sie wenigstens hin zu einer praktikablen Lösung, die einen gewissen „gesunden Abstand" ermöglicht.

Wo immer die Liebe fehlt tritt eine neue Lebensaufgabe herein.

## Sinn des Lebens

Menschen, die im Leben keinen Sinn sehen, wandeln am Rande eines Abgrundes, der häufig von Depressionen, Krankheit oder sogar Selbstmordgedanken begleitet wird.

Es ist für jeden Menschen hilfreich, einen Sinn für das eigene Leben zu erkennen.

Unterstützen Sie Ihre Patienten darin, einen Sinn zu erkennen oder zu finden.

Auch der Glaube kann ein Weg in ein sinnerfülltes Leben sein.

Egal, was ein Patient glaubt, werten Sie es bitte nicht.

Solange sich der Glaube eines Menschen im Rahmen der moralischen Wertvorstellungen unserer Gesellschaft befindet, sollten wir diesen Glauben respektieren, auch wenn wir selbst nach völlig anderen Vorstellungen leben.

Wenn wir in unserem eigenen Leben zurückdenken, dann werden wir feststellen, dass wir schon unzählige Male unsere eigene Meinung geändert haben. Unsere Einstellungen und möglicherweise auch unser Glaube haben sich damit vielleicht auch verändert. Das sind ganz natürliche Vorgänge und auch etwas sehr Persönliches.

Wenn Sie auf einen Menschen treffen, der an Märchen glaubt und damit glücklich lebt, ohne dass er oder sie daraus gesundheitliche Probleme zu erwarten hat, lassen Sie es einfach gut sein.

Jeder Mensch sollte für sich selbst entscheiden, wie er den Sinn seines Lebens und seinen eigenen Glauben definieren mag.

Wichtig in Bezug auf die Gesundheit ist es nur, ob der Mensch einen Glauben und einen Sinn in seinem Leben erkennen kann.

## Lebensgedächtnisband

Das Lebensgedächtnis ist ein Band, das als Ausläufer des Scheitelchakras beginnend an der obersten Stelle des Kopfes entlang des Hinterkopfes in Richtung zum Genick des Menschen verläuft.

In diesem Lebensgedächtnisband sind alle Erlebnisse des jetzigen Lebens gespeichert. Schockerlebnisse finden sich dort als Störungen.

Der Geburtspunkt befindet sich am Scheitelpunkt des Kopfes. Von dort finden wir etwa alle zwei Millimeter ein neues Lebensjahr, so dass wir das Band mit unserem Messinstrument auch nach Lebensjahren abfragen oder ausmessen können, um Schockerlebnisse zu finden, die als Ursache für bestehende Krankheiten verantwortlich sind.

Solche Störungen können punktuell auftreten oder ganze Zeiträume umfassen, zum Beispiel: Eine Störung bei der Geburt, im 3. Lebensjahr oder im 24. Lebensjahr und so weiter oder eine Störung vom 3. bis 6. Lebensjahr oder Ähnliches.

Beim Ausmessen fragen Sie bitte gezielt nach Störungen, die mit dem jetzt konkreten Problem zu tun haben.

Es finden sich normalerweise im Lebensgedächtnisband jede Menge Störungen und wenn man alle herausmisst, dann sieht man oft den Wald vor lauter Bäumen nicht mehr.

Eine gute Möglichkeit zu fragen wäre zum Beispiel:

„Ich möchte messen, ob es Störungen gibt, die mit dem Problem (Platzangst, Angst vor Publikum, Allergie und so weiter) zu tun haben, damit zusammenhängen oder dieses mit verursachen. Bitte zeigt mir nur die Störungen an, die hierfür wichtig sind!"

Beim Ausmessen selbst wird am Besten im Geiste mitgezählt: „Geburt – 1 – 2 – 3 – 4 und so weiter)"

Die Messergebnisse (punktuelle Störungen oder Störphasen) sollten Sie sich am besten sofort notieren, dann weitermessen und am Ende der Messungen die Ergebnisse mit dem Patienten besprechen.

Das Messergebnis sollte, wenn möglich, auch „intuitiv" gedeutet und besprochen werden.

Oft kann der Patient ganz genau sagen, welche Ereignisse „den Schock hinterlassen" beziehungsweise die Störung verursacht haben.

Das Arbeiten mit dem Lebensgedächtnisband kann sehr effektiv sein. Es empfiehlt sich hierbei mit besonderer Behutsamkeit vorzugehen.

Oft ist es sehr hilfreich, wenn der Patient erkennt, woher sein Problem kommt. Oft ist das Erkennen, Verarbeiten und Umsetzen von problematischen Lebensaufgaben eine wichtige Voraussetzung für die einsetzende Heilung!

Bewusstmachung durch Hinschauen, Verstehen und auch „Nach" – Denken.

Allerdings kann es durchaus sein, dass diese Prozesse auch eine gewisse Zeit und länger dauernde Betreuung brauchen, bis die Probleme sich harmonisieren oder auflösen lassen.

## Zeitreise

Die Methode der Zeitreise ist eine ganz besonders interessante Heiltechnik.

Haben wir ein gesundheitliches Problem vorliegen, das dadurch mitverursacht wurde, dass ein Unfall in der Vergangenheit geschehen ist, oder eine durchgeführte Operation nicht bestmöglich verlaufen ist, dann können wir die Zeitreisetechnik anwenden, um solche vergangenen Ereignisse zu korrigieren.

Am konkreten Beispiel bedeutet das, falls eine Operation schief gelaufen ist und seitdem keine gute Heilung möglich war, dass wir den Patienten sich entspannen lassen und wir uns zum Beispiel hinter ihn stellen und uns in einen meditativen Zustand begeben.

Dann gehen wir langsam vom jetzigen Moment aus – also mit Uhrzeit und Minute, Datum, Tag – langsam in der Zeit zurück.

Wir gehen rückwärts durch die Stunden – 11 Uhr, 10 Uhr, 9 Uhr, 5 Uhr, Mitternacht, Freitag, den 12. Mai, Donnerstag, Montag, April, März, Februar, 2013, 2012 und so weiter, wobei die rückwärts laufende Uhr immer schneller werden kann.

Dann bremsen wir kurz vor dem Moment, als die Operation stattgefunden hat, unsere geistige Zeitmaschine wieder ab: Dezember, November, 30., 25., 15., 23 Uhr, 20 Uhr, 14 Uhr, 12 Uhr 11 Uhr, 10 Uhr 30. Schließlich halten wir kurz vor dem Operationstermin an.

Nun bitten wir unseren geistigen Helfer, er möge aus der geistigen Welt bitte einen Chirurgen, einen Spezialisten für genau diese Art von Operationen, den bestmöglichen Spezialisten, hinzubitten.

Dieser Chirurg aus der geistigen Welt wird nun gebeten, er möge dem damaligen Chirurgen, der die Operation am Patienten durchgeführt hat, bitte helfen, ihn unterstützen und ihm die Hand führen, damit die Operation bestmöglich verlaufen kann.

Wir beobachten, wie die Operation stattfindet und visualisieren dabei auch einen wirklich sehr guten Verlauf. Alle sind mit dem Ergebnis der Operation sehr zufrieden. Alle wissen, dass die Operation sehr gut funktioniert hat.

Mit diesem Ergebnis machen wir uns nun wieder auf die Reise – zurück in unsere Zeit. 11:30 Uhr, 12 Uhr, 14 Uhr, 20 Uhr und so weiter.

Wieder werden wir beim Vorwärtsreisen schneller, um dann kurz vor unserem aktuellen Tag und Moment wieder „abzubremsen" und uns wieder unserer normalen Zeit zu nähern. Langsam halten wir unsere Zeitmaschine im hier und jetzt wieder an.

Die energetische Behandlung mit Hilfe der Zeitreisetechnik ist damit abgeschlossen.

Wir können den Patienten befragen, ob er oder sie eine Veränderung feststellt.

Seien Sie gespannt auf die Ergebnisse und lassen Sie dem Körper des Patienten bei Bedarf auch ruhig wieder Zeit, sich an die neue Lage zu gewöhnen.

Manchmal dauert es auch über Nacht, bis sich eine erste Verbesserung bemerkbar macht.

Eine kleine aber doch interessante Anmerkung am Rande:

Bei einer solchen Zeitreisebehandlung, die vor einigen Jahren durchgeführt wurde, kam es zu folgendem Phänomen: Die Zeitreise wurde planmäßig im hier und jetzt wieder beendet, wobei die Behandlung selbst etwa 20 Minuten gedauert hatte. Während der Behandlung schaute die Patientin eine Musiksendung im Fernsehen an.

Die ganze Aufmerksamkeit des Lichtarbeiters galt der Behandlung, so dass die Fernsehsendung von ihm unbeobachtet blieb.

Nun sagte die Patientin doch nach der Behandlung: „Genau das selbe Lied kam vorher auch, als wir mit der Behandlung angefangen haben!" und sie konnte auch genau sagen, welche Lieder nun nach diesem Lied kommen würden – und genau so kamen sie.

Eine Erklärung hatte der Lichtarbeiter damals für dieses seltsame Ereignis nicht.

Aus heutiger Sicht kann man es so erklären, dass der Lichtarbeiter bei der Rückkehr wieder genau an den zeitlichen Punkt zurückgekehrt ist, an dem er die Behandlung über die Zeitreisetechnik auch begonnen hatte.

Die Patientin hatte demnach die 20 Minuten doppelt erlebt, während der Lichtarbeiter diese 20 Minuten erst nach der Behandlung erlebt hat.

Manchmal geschehen allem Anschein nach wirklich seltsame Phänomene oder Wunder, die uns zum Staunen bringen – und seien Sie versichert, dass es sich genau so zugetragen hat.

## Organsprache

Die Organsprache ist eine Technik, die meist dann angewandt wird, wenn andere Methoden bisher versagt haben.

Bei der Organsprache führen wir den Patienten zunächst in einen entspannten Zustand.

Er oder sie sitzt oder liegt und hat die Augen geschlossen.

Wir führen den Patienten mit unseren Worten in seinen Körper – er soll hineinspüren und beschreiben, wie sein Körper sich fühlt – zum Beispiel beginnend mit der rechten Hand, dann weiter in den Unterarm, Oberarm, Schulter und so weiter.

Wir achten genau darauf, WIE der Patient seine Worte formuliert. Sagt er „Der Arm fühlt sich schwer", dann spricht hier immer noch der **Kopf**!!

Wir möchten aber den Kopf des Patienten ausschalten und mit dem Körperbewusstsein des Armes selbst sprechen.

Wir gehen also zum Kopf, sprechen mit ihm über seine Situation, wie er die Dinge beurteilt, und gehen dann wieder in ein anderes Körperteil.

Erst wenn der Patient sagt „Ich fühle mich wohl – oder ich fühle mich schwach", wenn wir mit einem Körperteil abseits des Kopfes sprechen, dann haben wir die Stufe der Entspannung erreicht, die wir brauchen, um auf der Ebene der Organsprache zu handeln und zu heilen.

Wir sprechen mit den betroffenen Organen und befragen sie über ihren Zustand. Dabei wandern wir langsam durch den Körper, lassen uns und dem Patienten viel Zeit – denn die Zeit hilft, die Entspannung weiter zu vertiefen.

Wir stürzen uns nicht sofort auf das „Problemorgan" sondern sprechen auf dem Weg dorthin mit einigen anderen Körperteilen oder Organen.

Das hilft dem Kopf „einzuschlafen" bzw. abzuschalten und mehr und mehr kommen die Organe selbst zur Sprache.

Immer dort, wo wir „Last" oder „Dunkelheit" finden – oder andere Sorgen und Probleme der Organe – lösen wir das Problem.

Wir fragen das Organ zum Beispiel: „Möchtest Du, dass ich heilende Energie und Licht schicke?" oder wir sprechen mit dem Verursacher des Problems (Kopf, anderer Arm, andere Niere, Leber und so weiter).

Dabei heilen wir, überall dort, wo es Sinn macht, mit Licht und Energie und stellen die Kommunikation zwischen den Organen wieder her.

Wir arbeiten mit den Organen so lange, bis die betroffenen Organe uns bestätigen, dass alles gut ist und sie sich wohl fühlen und ab sofort ihre Aufgaben wieder ohne Probleme verrichten können und werden.

Mit einem stabilen inneren Gefühl des Wohlbefindens und der Harmonie beim Patienten holen wir diesen dann behutsam aus der meditativen Entspannung ins Tagesgeschehen zurück.

## Fernheilung

Bei der Technik der Fernheilung befinden wir uns in beliebiger Entfernung zum Patienten. Es spielt dabei keine Rolle, ob wir in einem Nebenraum sind oder auf einem anderen Kontinent.

Sobald wir mit unseren Gedanken an New York oder Singapur denken, sind wir in unserem Geiste auch schon dort. Genau so können wir uns die Vorgänge bei der Fernheilung vorstellen.

Wir können uns hierzu in einen meditativen Zustand begeben, um dann den Patienten vor unserem geistigen Auge zu visualisieren.

Eine sehr einfache und doch auch sehr wirkungsvolle Methode der energetisch-geistigen Heilbehandlung ist das Arbeiten mit farbigem Licht.

Wenn wir wissen, welches Organ wir behandeln möchten, dann visualisieren wir zum Beispiel, wie wir mit unseren „Heilenden Händen" eine Energieübertragung zu unserem Patienten durchführen. Dabei visualisieren wir direkt, wie wir vor oder neben unserem Patienten stehen oder sitzen und unsere Heilenergie direkt zum Organ des Patienten fließen lassen.

Wir können bei dieser Visualisierung auch die Technik der Geisteschirurgie anwenden, wenn wir das für geeignet halten, oder aus all den anderen verfügbaren Heilmethoden auswählen, welche und was uns am besten geeignet erscheint.

Der einzige Unterschied zu einer Behandlung „vor Ort" ist der, dass sich bei der Fernheilung der Patient eben nicht in unserer Nähe befindet und wir alle Tätigkeiten rein visuell in unseren Gedanken durchführen.

Alle Tätigkeiten, die wir auch sonst durchführen würden, können wir genauso wirkungsvoll auch aus der Ferne oder über die Ferne hinweg auf rein geistigem Wege durchführen.

Das Ergebnis wird genauso gut sein, als ob der Patient in unmittelbarer Nähe zu uns gewesen wäre.

Diese Methode ist auch ganz besonders hilfreich, wenn wir einen gewissen emotionalen Abstand zum Patienten brauchen.

Haben wir es zum Beispiel mit einem Kind zu tun, das in diesem Moment an Schmerzen leidet und jammert, dann kann schon der Abstand in ein anderes Zimmer, in dem wir keine Kinderstimme mehr wahrnehmen, hilfreich sein, damit wir uns auf die geistige Arbeit besser einstimmen können.

Auch dann, wenn wir glauben, dass es besser ist für unsere Visualisierungen, wenn wir die schweren Verletzungen eines Menschen oder eines Tieres eben nicht „frisch in unserem Kopf haben", damit wir uns auf die Bilder eines gesunden Menschen oder Tieres besser einstimmen können, kann ein gewisser Abstand äußerst sinnvoll sein.

Bei der Fernheilung an einem Hund, der von einem Auto mit beiden Reifen überfahren worden war, und dessen Organe und Muskeln schwer zerquetscht waren, wurde einmal zusätzlich zur energetischen Fernbehandlung auch ein geistiger Helfer zu Rate gezogen und um Unterstützung gebeten.

Dieser kam mit der Idee zurück, man könnte um einen „Paten" für den Hund bitten, der rund um die Uhr bei dem Hund bleiben könne und dafür sorgen könne, dass die Genesung des Tieres bestmöglich verlaufen kann.

Dem Lichtarbeiter selbst war die Methode eines „Paten" bis dahin völlig unbekannt.

So lernen wir in der Zusammenarbeit mit unseren geistigen Helfern immer wieder neue Dinge kennen.

Es ist wie ein Wunder gewesen, dass der Hund überhaupt überlebt hat mit seinen schweren Verletzungen. Es sind nach der Genesungsphase, die von der Tierärztin, die nichts von der energetisch-geistigen Behandlung wusste, als „Wunder" bezeichnet wurde, keinerlei sichtbare Schäden beim Hund zurückgeblieben.

Er springt wieder herum und läuft, wie zuvor.

Fernheilungen an Patienten, die uns nicht persönlich bekannt sind, sollten wir vermeiden. Eine gewisse Nähe beim Heilprozess sollte vorausgesetzt werden dürfen, auch bei größerer geographischer Distanz.

Für uns als Lichtarbeiter gilt es immer wieder aufs Neue, eigenverantwortlich zu entscheiden, in wie weit wir mitwirken bei bestimmten Ereignissen und in wie weit wir uns besser heraushalten. Für einen Außenstehenden mag es herzlos erscheinen, wenn wir uns heraushalten, doch auch das ist manchmal der bessere Weg.

Vertrauen Sie auf Ihre innere Führung, Ihre Intuition und letztlich auch auf die Signale der Liebe.

Sie können keine Fehler machen, wenn Sie Ihrem Herzen folgen und das Ego dabei in den Hintergrund treten lassen.

# Astralreise

Die Technik der Astralreise erfordert einiges an Übung. Bei dieser Technik wird der Astralkörper des Lichtarbeiters vom physischen Körper herausgelöst. In diesem Zustand, den wir ruhig als „Ausnahmezustand" bezeichnen dürfen, sind spontane Reisen an jeden beliebigen Ort mit sofortiger Wirkung möglich. Auch das Umlegen von realen Schaltern an technischen Geräten kann gemacht werden.

Es gibt keine Wände, die nicht überwunden werden könnten.

Alles ist absolut real – wir selbst befinden uns mit unserem Astralkörper in der geistigen Komponente unserer Welt.

In diesem „entrückten" Zustand ist es möglich, sehr wirkungsvoll geistige Heilpraktiken anzuwenden, wie zum Beispiel auch das Materialisieren von neuen Organen im Körper eines Patienten.

Als Vorstufe zum Erlernen dieser herausfordernden Technik sollten Sie sich mit „außerkörperlichen Erfahrungen" vertraut machen.

Das kontinuierliche Training, sich im Wachzustand ständig zu fragen „Bin ich wach oder träume ich?" kann dazu führen, dass Sie eines Nachts im Schlaf feststellen, wie Sie sich bewusst sind, dass Sie jetzt träumen! Diesen anfangs sehr seltenen Moment können Sie nutzen, um sich selbst, oder besser gesagt, Ihren Astralkörper vom physischen Körper zu trennen.

Der erste Schritt hierzu ist der feste Wunsch, jetzt den eigenen Körper zu verlassen. Dann wenden Sie eine Technik an, die bei Ihnen funktioniert – und genau hier wird es schwierig, weil Sie immer nur einen Versuch haben, bevor Sie wieder in Ihren „Normalzustand" zurückfallen.

Es dauert also möglicherweise recht lange, bis Ihnen die erste Ablösung des Astralleibes gelingen mag.

Um den Astralleib abzulösen können Sie sich beispielsweise nach hinten fallen lassen oder mit einer Rolle nach vorne den physischen Körper verlassen. Probieren Sie es aus, machen Sie Ihre Versuche und Experimente.

Häufig kommen Fragen auf, wie zum Beispiel „Ist das gefährlich?" oder „Darf ich das überhaupt?"

Nun – die Ablösung des Astralkörpers zur Astralreise ist ein ganz natürliches Phänomen. Genau so, wie beim Trainieren der anderen spirituellen Sinne, die Ihnen mit der Zeit zu Empathie oder auch zu hellseherischen Fähigkeiten verhelfen können.

Wenn Sie es erlernt haben, Ihren physischen Körper willentlich und bewusst zu verlassen, dann werden Sie einen sehr deutlichen Unterschied zwischen „Traumgeschehen" und „Ablösungszustand" feststellen. Der Ablösungszustand fühlt sich absolut unzweifelhaft sehr real an, wohingegen auch der bewusste Traum sich immer noch wie ein Traum anfühlt.

Ihr Astralkörper bleibt immer über die sogenannte Silberschnur mit Ihrem physischen Körper verbunden.

Ihr physischer Körper gehört Ihnen – bis zu Ihrem Tod. Ein kurzer Moment des Erschreckens genügt, und Sie sind zurück in Ihrem Körper!

Falls Ihnen die Ablösung gelingt, wundern Sie sich nicht, wenn Sie plötzlich Verstorbene sehen. Die Seelen der Verstorbenen, die nicht ins Licht gegangen sind, befinden sich ebenso wie Sie während Ihrer Ablösung in der geistigen Zwischenwelt. Sie können sich gegenseitig wahrnehmen und auch miteinander kommunizieren.

Es gibt keinen Grund zur Panik oder zur Angst, da Sie mit Ihrer Gedankenkraft jederzeit einen Schutz für sich selbst errichten können – ähnlich der Anwendung einer Schutzaura, die Sie ja nun bereits kennen.

Gemäß den geltenden geistigen Gesetzen sind Sie mit Ihrem Schutz auch sicher vor anderen geistigen Wesen.

Bewahren Sie dennoch immer eine respektvolle und liebevolle Haltung gegenüber den Wesenheiten, die Sie auf dieser Ebene vielleicht antreffen. Sie werden sehen, es ist zu Ihrem Besten!

Halten Sie sich wenn möglich von Hochspannungsleitungen fern – sonst könnte es sein, dass Sie dort unangenehm kleben bleiben und einige Mühe haben, sich von dort wieder loszureißen.

Ansonsten bleibt nur, Ihnen bei den Experimenten hierzu viele interessante Eindrücke und auch viel Erfolg zu wünschen.

Ab dem Moment, in dem Sie Ihren physischen Körper zum ersten Mal verlassen haben, eröffnet sich für Sie eine völlig neue Welt – und die Angst vor dem eigenen Tod vergeht.

## Arbeiten mit Wesenheiten

Bei der Energiearbeit kommt es immer wieder einmal vor, dass wir es mit diversen Erscheinungen zu tun bekommen, die uns zunächst unerklärlich erscheinen, oder für deren Ursache wir das Vorhandensein irgend einer fremden Wesenheit vermuten.

Sei es ein Wesen, das wir einem verstorbenen Verwandten zuordnen können, oder ein Wesen unbekannten Ursprunges.

Sensible Menschen haben oft eine „Antenne" für das Vorhandensein solcher Fremdenergien und oft spüren sie dann etwas wie einen kalten oder warmen Lufthauch, ein Unwohlsein mit Gänsehaut oder haben einfach nur die Gewissheit, dass irgend ein Wesen an der vorliegenden Situation beteiligt ist.

Wir kennen Situationen, in denen Verstorbene tatsächlich versuchen, das Leben der Angehörigen zu beeinflussen, zu lenken oder mitzubestimmen.

Wir finden immer wieder Anzeichen für Störungen oder auch ganz konkrete Vorkommnisse, die wir im Volksmund als Spukerscheinungen bezeichnen würden.

Da spielen elektrische Geräte verrückt oder Dinge fallen ohne erkennbaren Grund auf den Boden. Seelenanteile von Verstorbenen können auf die unterschiedlichsten Weisen auf sich aufmerksam machen und oft tun die Beteiligten diese Dinge mit einem Stirnrunzeln ab. Eine kurze Phase des „verwundert sein", um es dann auch schon bald wieder zu vergessen.

Die Seelen der Verstorbenen gehören ins Licht, ins Jenseits, dorthin, wo sie zuhause sind. Gehen die Verstorbenen nicht ins Licht, dann bleiben sie in einer Art Zwischenwelt, von der aus sie versuchen, weiterhin am irdischen Leben teilzuhaben und ihren Einfluss darauf auszuüben.

Meist wird sich das störend bemerkbar machen, denn diese Seelen sind immer noch auf einem Bewusstseinsstand, wie es ihrem Wesen nach dem damals noch Lebenden entsprach.

Erst durch den Schritt über den Lichtkanal ins Jenseits erfahren die Verstorbenen den Moment der Erkenntnis. Erst dort „drüben" erkennen sie die Zusammenhänge, woher sie kamen und wo sie zuhause sind. Erst im „Jenseits" erkennen sie den Sinn des Daseins, die großen Zusammenhänge, erfahren eine Art von „Erleuchtung" und auch Läuterung.

Sie erhalten einen Zugang zu höheren Energieformen und Erkenntnissen und können so auch mit größerer Weisheit oder mit einem besseren Verständnis die Zusammenhänge der irdischen Vorgänge erkennen. Ein Wesen, das den Schritt ins Licht getan hat, kann mit Unterstützung aus der geistigen Welt und aus einer liebevollen und geborgenen Umgebung heraus den Lebenden zur Seite stehen, Vertrauen und Verständnis übermitteln, das den Lebenden bei der Bewältigung der vorliegenden Lebensaufgaben helfen kann. Ein Wesen, das den Übergang ins Licht noch nicht vollzogen hat, kann dies nicht.

Ein solches erdgebundenes Wesen wird alle Dinge nach rein irdischen Maßstäben beurteilen und dann versuchen einzugreifen und Dinge und Vorgänge zu beeinflussen – aus einem sehr begrenzten irdischen Verständnis heraus und oft auch mit sehr egoistischen Maßstäben versetzt.

Als Lichtarbeiter stehen wir oft in Situationen, in denen es darum geht, ein solches Missverhältnis von irdischen Aufgaben und von durch erdgebundene Wesen verursachten Störungen zu korrigieren, um eine gute Lösung zu finden, die den geistigen Gesetzen besser entspricht und besser gerecht wird, als es ein erdgebundener Verstorbener sich vorstellen kann.

Bei der Lichtarbeit mit Verstorbenen oder anderen erdgebundenen Wesen geht es vor allem darum zu verstehen, in welchen Bereichen sich die Einflussnahme der Wesenheiten auswirkt. Wir stellen fest, inwieweit diese Einflussnahme störend auf das Leben der betroffenen Menschen wirkt und suchen dann nach einer Lösung für eine solche Situation.

Zunächst ist es wichtig zu verstehen, wo das Problem des lebenden Betroffenen liegt, wo der störende Einfluss des verstorbenen Wesens hineinwirkt und wie wir eine machbare Gesamtlösung erreichen können, die dem Wohle aller Beteiligten bestmöglich dient.

Wir können bei der Arbeit mit fremden oder verstorbenen Wesenheiten auch sehr effektiv mit unseren geistigen Helfern zusammenarbeiten.

Zum einen können unsere geistigen Helfer einen direkten Kontakt zu den Wesen herstellen und zum anderen können sie uns auch beraten und helfen, Lösungsansätze zu finden.

Wenn wir es schaffen, die Probleme zu erkennen und Lösungen auf einer geistigen Ebene anzubieten, die auf einer liebevollen und verständnisvollen Einstimmung basieren, dann können wir dadurch erreichen, das die geistigen Wesenheiten den Schritt in den Lichtkanal tun und von der irdischen Einflussnahme, die sich oft störend auswirkt, ablassen.

Und zum anderen schaffen wir bei den Lebenden ein Verständnis für die Gesamtzusammenhänge und helfen dabei, auch hier eine geistige Lösung in das irdische Leben zu integrieren – im Einklang mit der Gesamtsituation zwischen Lebenden und Verstorbenen oder anderen fremden Wesen und Energieformen.

Wenn wir uns in unserer Arbeit mit Wesenheiten stets von einer liebevollen, verständnisvollen und respektvollen Grundhaltung tragen lassen, dann haben wir damit die besten Voraussetzungen für eine kooperative Methode der Zusammenarbeit und der Problembewältigung geschaffen.

Auf der Basis einer verständnisvollen und respektvollen Grundhaltung kann eine wirkungsvolle Kommunikation mit echten Lösungsmöglichkeiten entstehen.

Bei der Lichtarbeit mit Wesenheiten gibt es ein paar wenige grundsätzliche Vorgehensweisen, die wir stets einhalten sollten. Zunächst einmal versuchen wir im Gespräch mit den lebenden Betroffenen möglicht gut herauszufinden, welche Art von realem Problem überhaupt vorliegt.

Wenn wir dann, nach der Analyse der irdischen Situation den Kontakt zu dem beteiligten geistigen Wesen aufnehmen, so ist der erste Schritt die Einrichtung unseres persönlichen Schutzes, damit wir vor allen möglichen ungewollten Einflüssen geschützt bleiben. Dazu visualisieren wir in einem ruhigen, meditativen Zustand eine Lichtkugel um unseren physischen Körper, die uns umhüllt und in der wir vor allen geistigen Einflüssen, die das Wesen möglicherweise uns gegenüber aussenden sollte, geschützt sind.

Wir visualisieren also, wie wir in einer Kugel aus weißem oder auch andersfarbigem Licht sitzen, und wissen, dass wir in dieser Lichtkugel vor allen ungewollten geistigen Einflüssen sicher und beschützt sind.

Dann bitten wir das geistige Wesen um einen Kontakt, um ein Gespräch.

Wir versuchen mit unseren inneren Antennen herauszufinden, wie das Problem aus Sicht des geistigen Wesens aussieht und wo genau es liegt.

Wenn wir das herausgefunden haben, dann sollten wir entweder aus unserem Erfahrungsschatz heraus oder in Zusammenarbeit mit unserem geistigen Helfer eine Lösung für das Problem des Wesens und der lebenden Person finden, der wir ja auch helfen möchten.

Wir halten den Kontakt so lange, bis wir einen echten und brauchbaren Lösungsansatz in der Kommunikation mit dem Wesen gefunden haben.

Dabei lassen wir uns stark von unserer Intuition und unseren inneren Wahrnehmungen leiten – stets geprägt von einer liebevollen Grundhaltung die von Respekt und Achtung dem geistigen Wesen gegenüber getragen wird.

Es bringt nicht viel ein, sich auf einen „Kampf" mit einem geistigen Wesen einzulassen oder zu versuchen, das Wesen zu verjagen, zu verbannen oder durch irgendeinen Hexenzauber zu vertreiben. Auch das „Ausräuchern" von Seelen oder Verstorbenen ist nicht wirkungsvoller, als es das mit lebenden Menschen wäre.

Jede Maßnahme, die einen gewissen „Kraftaufwand" benötigt, führt nur dazu, dass das geistige Wesen sich mit dem selben oder einem höheren Kraftaufwand wehrt.

Und nachdem wir Menschen uns kaum vorstellen können, mit welchen Mitteln, Methoden und Möglichkeiten sich Verstorbene oder andere geistige Wesen tatsächlich wehren können, sollten wir diesen „gewaltgestützten" Weg möglichst vermeiden.

Die alten Magier haben stets versucht kraftvolle und machtvolle geistige Wesen wie Dämonen und andere feinstoffliche Gestalten, wie Zwerge, Kobolde oder sonstige in ihren Bann zu ziehen und unter ihre Kontrolle zu bekommen.

Diese Magier haben mit Schutz und geistigen Kräften darum gerungen, die Oberhand über diese Dämonen und Wesen zu erreichen und anschließend zu erhalten. Sie glaubten, dadurch einen gewaltigen Vorteil zu erhalten, wenn sie ein geistiges machtvolles Wesen kommandierten, das zur Zusammenarbeit gezwungen werden könnte und ihnen damit große magische Einflussnahme im irdischen Leben ermöglichen sollte.

Der Preis für das Erringen der Oberherrschaft war ständige Wachsamkeit und das Risiko, letztlich doch irgendwann einmal von dem kontrollierten Dämon übermannt zu werden.

Wenn wir aus einer liebevollen Einstellung heraus dieses Vorgehen bewerten möchten, so können wir feststellen, dass der Magier mit seinem Vorgehen vielleicht ein mächtiges geistiges Werkzeug erschaffen hat, andererseits das Ganze aber auf riskanten Füßen stand, die jederzeit einknicken konnten und den Magier selbst in große Gefahr oder auch ins Verderben reißen konnten.

Gehen wir den neuen Weg der verständnisvollen Kommunikation, dann ist es möglich mit großen geistigen Wesen sowie mit den selben kraftvollen Dämonen und Wesenheiten in einer vertrauensvollen und von Respekt getragenen Art und Weise zu kommunizieren, die nach und nach auch zu einer interdimensionalen Freundschaft werden kann. Wenn wir den Dämonen und Wesenheiten mit Respekt und Liebe begegnen, dann werden wir eine offene, ehrliche und mit der Zeit auch vertrauensvolle Basis für eine bereichernde Kommunikation aufbauen können.

Alles ist mit allem verbunden und wenn wir die Hilfe eines Dämons suchen, der uns bei den irdischen Begebenheiten unterstützt, dann kann ein Dämon möglicherweise auch unsere Hilfe bei geistigen Dingen erwarten und erhalten.

Welche Formen der Zusammenarbeit hier möglich sind oder werden hängt alleine davon ab, mit welcher Hingabe und Intuition wir fähig sind, uns darauf einzulassen.

Es gibt in unserem Universum geistige Gesetze, die für alle Wesen gelten – egal, ob es sich dabei um inkarnierte irdische Wesen handelt oder um rein geistige Wesen aus den verschiedensten Dimensionen und Welten.

Die geistigen Gesetze bilden den Rahmen in dem sich alles entwickelt, entfaltet und bewegt. Innerhalb dieses Rahmens sind wir frei, unsere Leben für uns und unsere Mitmenschen auch im Zusammenwirken mit den geistigen Wesen, zu denen wir Kontakt aufnehmen können, zu gestalten.

Je besser wir es verstehen, solche Kontakte auf den Ebenen des Verstandes, des Gefühls und des Geistes zu verwirklichen und auszuüben, desto interessanter, wirkungsvoller und auch wunderbarer werden unsere Erfahrungen werden.

Die Menschheit hat in den vergangenen Jahrtausenden vieles von dem bereits erworbenen oder ursprünglich vorhandenen Wissen verlernt. Doch Wissen geht nicht verloren. Es liegt an uns, den Zugang zu diesem uralten Wissen wieder neu zu entdecken und mit modernen Methoden einen neuen Weg zu bilden, wie wir ganzheitlich dieses Wissen umsetzen können, um die Erde zu einem Ort werden zu lassen, der längst vergessene Wunder wieder in unseren Alltag integrieren kann.

Haben Sie Vertrauen in die eigenen Erfahrungen, lassen Sie sich von Ihrer Intuition und Ihren inneren Gefühlen leiten und Sie werden einzigartige, wertvolle und unvorstellbar interessante und liebevolle Momente erleben können.

Wir stehen heute am Anfang eines neuen Zyklus, der uns die Tore zu einer neuen, sehr realen Spiritualität öffnet, die getragen ist von einem ganz konkreten Realitätsbezug.

Traumhafte Vorstellungen von Dimensionsverschiebungen oder märchenhaften Veränderungen auf der Erde, die so phantastisch klingen, dass man die daran Glaubenden als Spinner bezeichnen möchte und kann, bringen uns nicht weiter.

Wenn wir einen Dimensionswechsel, Aufstieg oder gar einen Sprung erwarten, nach dem wir fähig sein sollen, uns alles sofort in die Realität zu wünschen, Reichtum, Gesundheit und paradiesische Zustände, dann haben wir leider gar nichts verstanden.

Das Leben hier auf Erden wird morgen noch genauso aussehen und sich genauso anfühlen, wie gestern und heute.

Veränderungen finden jeden Tag statt, doch wenn es Veränderungen sein sollen, die sich greifbar und real auswirken, dann sind diese Veränderungen auch keine hirnspinstigen Wahn- oder Wunschvorstellungen sondern sanfte Errungenschaften, die mit einem klaren und realitätsbezogenen Verstand auch stets erklärbar bleiben.

Wesenheiten sind für uns unsichtbar und nicht anfassbar. Dennoch sind sie real.

Wenn wir einen Weg finden, mit diesen Wesen auf einer geistigen Ebene in Kontakt zu treten und mit Ihnen zu kommunizieren, um echte Lösungen zu erarbeiten, dann werden sich auch die Ergebnisse dieser Lösungen real auswirken.

Dann erreichen wir erfahrbare, messbare Veränderungen. Das kann man dann als gelungene geistige Arbeit bezeichnen.

So sollte unser Ziel aussehen: Mit geistiger Arbeit eine reale erfahrbare Veränderung zu erreichen, die zum Wohle eines oder vieler Menschen beiträgt und damit auch eine geistig erfahrbare Komponente entstehen lässt, die allen daran Beteiligten hilft, die großen irdischen und geistigen Zusammenhänge wieder ein Stück weit besser zu verstehen.

# Das Wunder der Heilung beginnt in Deinem Herzen

Das Wunder des Lebens beginnt bereits vor der Zeugung des Menschen. Noch bevor Samenzelle und Eizelle sich vereinen, haben wir lebende Komponenten. Durch die Vereinigung von Samen und Ei entsteht eine kombinierte neue Komponente, die sich über die Zellteilung, gemäß den zusammengesetzten Genen, entwickelt, bis daraus ein Embryo entsteht. Haben wir gute genetische Voraussetzungen, eine gute Versorgung des Embryo im Mutterleib und passende physikalische Umweltbedingungen, dann stehen die Chancen sehr gut, dass ein gesundes neues Lebewesen das Licht der Welt erblickt.

Wir wissen, wenn wir von Gesundheit sprechen, dass es hierbei um den Dreiklang „Körper – Seele – Geist" geht.

Der Körper braucht seine physikalischen Grundlagen, um gesund bleiben zu können. Wasser, Vitamine, Nährstoffe und Spurenelemente. Der Körper kann in vielerlei Hinsicht geschädigt werden, durch Gifte, Mangel an lebenswichtigen Nährstoffen oder schädigende Umwelteinflüsse wie Gewalteinwirkung, Strahlung oder Ähnliches.

Doch auch die Seele braucht ihre passende Nahrung, um sich gesund entwickeln und erhalten zu können. Frieden und Harmonie, positive Herausforderungen und Erfolge. Die Seele lebt auch im und durch den Austausch mit anderen Lebewesen, seien es Menschen, Tiere oder Pflanzen. Ja sogar eine gute Beziehung zum Reich der Mineralien fördert die seelische Gesunderhaltung. Streit, Konflikte und auch die Abtrennung aus der Gemeinschaft der Menschen, Tiere, Pflanzen und Mineralien bedeuten Stress für die Seele. Hierdurch auftretende seelische Störungen übertragen sich schließlich auch auf den Körper.

Und auch der Geist des Menschen benötigt seine Nahrung, um sich gesund entwickeln und erhalten zu können. Kreativität, Lebensfreude und das gute Gefühl, dem Leben einen positiven Sinn zu geben, sind wichtige Bausteine für ein gutes geistiges Fundament. Wird der Geist eines Menschen krank, dann folgen daraus zunächst seelische Probleme und dann auch körperliche Krankheiten.

Es ist wie der Fluss des Wassers. Die Energien des Menschen fließen vom Geist zur Seele und von dort zum Körper. Störungen übertragen sich ebenfalls in diese Richtung, aber auch zurück.

Ist der Körper krank, dann können sich hieraus auch seelische Probleme ergeben und sogar der Geist des Menschen kann darunter leiden.

Doch der Geist ist die oberste Ebene des Menschen. Ein gesunder Geist kann auch körperliche Probleme gut bewältigen, wenn er den Sinn der Krankheit erkannt hat.

Die Seele kann das nicht. Und da wir auch hier wieder einen Dreiklang vorfinden, ist es wichtig für den Geist, dafür Sorge zu tragen, dass es der Seele gut geht. Selbst dann oder gerade dann, wenn der Körper bereits krank ist.

Die Seele steuert über die Chakren die Genesungsvorgänge im Körper. Die Seele ist stark mit dem Emotionalkörper, also dem Gefühlskörper, verbunden.

Wenn wir als Menschen ein negatives, schlechtes oder belastendes Gefühl erleben, dann betrifft es zunächst unsere Seele. Kann die Seele diese Gefühle nicht „verkraften", dann entstehen erste Symptome einer Krankheit. Das seelische Gleichgewicht ist also von enormer Bedeutung für unsere Gesundheit.

Die Vorgänge der Selbsterhaltung und Selbstheilung laufen im Körper unterhalb der Schwelle unserer bewussten Wahrnehmung ab. Wir brauchen nicht dafür zu sorgen, dass Zellen repariert oder erneuert werden.

Wir brauchen keine Anweisungen zu geben, um nach einem Schnitt die Wunde wieder zusammenwachsen und verheilen zu lassen. Die Heilungsvorgänge laufen wie von selbst ab.

Und doch gibt es hier enorme Unterschiede, die sich darin begründen, in welcher seelischen und auch geistigen Verfassung ein Mensch ist.

Menschen, die nicht an ihre eigene Heilung glauben, bauen sich eine unsichtbare doch gewaltige Hürde für die Selbstheilungskräfte auf. Ein Geist, der die Heilung verleugnet oder boykottiert kann die Selbstheilungskräfte bis zum Stillstand bringen.

Immer dann, wenn Menschen fest daran glauben, eine „unheilbare" Krankheit zu besitzen, gibt es keinen entscheidenden Erfolg. Jede Krankheit kann entstehen und jede Krankheit kann auch wieder geheilt werden. Doch der Weg zur Heilung und die Frage, ob überhaupt eine Heilung stattfinden wird, hängt von sehr vielen Faktoren ab.

Dennoch hat jeder Mensch sehr viele und gute Möglichkeiten, die eigene Heilung zu unterstützen.

Eine positive Lebenseinstellung – unabhängig von jeder Krankheit – ist eine wichtige Voraussetzung, um sich in eine gute gesundheitliche Verfassung zu begeben.

Menschen, die nach dem Positiven suchen, die einen Sinn in allem, was sie erleben, zu sehen glauben, haben die besseren Voraussetzungen. Sie ertragen gesundheitliche Probleme leichter und sind oft auch innerlich sehr viel mehr bereit, Heilung entstehen zu lassen, als Menschen, die immer alles negativ sehen und negativ denken, fühlen oder sprechen.

Klare, saubere Gedanken zu pflegen ist wie die Arbeit im Garten. Unkraut und schlechte Gedanken gehören nicht in einen gesunden Garten oder Geist. Doch der Verstand alleine kann mit seinen Gedanken keine Heilung erzwingen.

Der lebende Funke der Selbstheilung, man könnte auch sagen, die „Zellteilung der Selbstheilung" beginnt im Herzen.

Dort, wo die Liebe wohnt, ist der Funke der Selbstheilungskräfte zuhause.

Immer dort, wo wir die Liebe aktiv verleugnen oder uns von unserer Liebe selbst abwenden ist unsere Gesundheit in Gefahr.

In jeder Konfliktsituation ist es daher von entscheidender Bedeutung, dass wir uns fragen, wie wir uns in dieser Situation fühlen – ganz unabhängig davon, was wir über die Situation denken.

Wir „fühlen" es oft schon im Bauch, wenn etwas nicht stimmt. Wie viel mehr sollten wir es dann erst im Herzen fühlen. Doch nur allzu oft haben wir verlernt, auf unser Herz zu hören.

Und genau hier liegt unsere Chance. Wenn wir im Bauch dieses ungute Gefühl wahrnehmen, dann ist das eine Herausforderung an unseren Geist, die Situation nicht nur zu überdenken, sondern auch dafür Sorge zu tragen, dass wir unseren innersten und feinsten, ehrlichsten Gefühlen Rechnung tragen.

Das Herz fühlt, doch es würde sich niemals mit Kraft oder Gewalt einen eigenen Weg bahnen. Erst, wenn unser Geist oder unser Verstand das Herz unterstützen, kann der Mut seine Kraft im Herzen entfalten.

Das Herz selbst ist sanft. Es ist stark und kann auch mutig sein, doch zunächst ist es sanft. Und auch wenn das Herz sich immer liebevoll dem Ganzen zuwendet, so braucht es doch mehr, um auch dem Herzen einen Platz frei zu räumen, damit es richtig wirken kann.

Ein liebendes Herz wird nie etwas für sich selbst fordern. Es wird sich einsetzen mit aller Kraft, bis es versagt. Doch es hat auch die Fähigkeit, unseren Körper und sogar unseren Geist zu heilen – wenn wir es lassen.

Menschen, die sich der Sanftheit des Herzens bewusst sind und diese Sanftheit auch mit ihren Taten und Gedanken unterstützen, können Übermenschliches leisten.

Menschen, die ihr Herz im Stich lassen, weil alles andere wichtiger ist, werden stolpern und daran zugrunde gehen.

Unser Herz nimmt im Körper den zentralen Platz ein. Es sollte auch in unserem Leben, Denken und Handeln eine zentrale Rolle spielen.

Wie immer ist es wichtig, dass wir dabei in innerer Harmonie sind, um auch die äußere Harmonie fördern, unterstützen oder erkämpfen zu können.

Beginne bei Dir selbst. Lerne, den Frieden mit Dir selbst zu finden. Fördere all das, was Dir selbst gut tut – Gefühle, Gedanken und das Urvertrauen.

Lerne, Dein Leben in Deiner eigenen Verantwortung zu leben.

Fühle, was Dir gut tut.

Denke, was Dir gut tut.

Handle so, wie Du es für passend erachtest.

Unterstütze und nähre zuerst Dich selbst und erst dann die Anderen.

Übernimm die Verantwortung für Dein Leben selbst.

Hab Vertrauen in Deine Fähigkeiten.

Lebe Deine Fähigkeiten und Interessen !

Und vor allem – tue es mit Humor.

Leben, Lieben und Lachen sind eine Einheit.

Erkunde und entdecke Dein Innerstes.

Erforsche Dich selbst und finde heraus, wer Du wirklich bist.

Du bist nicht Dein Körper. Du bist auch nicht Deine Seele. Und Du bist nicht Dein Geist !

Du bist – letztendlich – ein einzigartiger, unsterblicher göttlicher Funke mit der ursprünglichen göttlichen Kraft ausgestattet, die Dir nur von Deinen eigenen Ängsten, Deiner Unwissenheit und Deinen allzu wichtigen Lebensgewohnheiten verbaut wird.

Finde den Mut, Dich selbst zu suchen und lerne, Dich aus dem Schutt des Lebens zu befreien.

Entfache den Mut Deines Herzens, für Deine eigene Heilung einzustehen.

Lebe. In Freude, in Frieden und in Freiheit.

# Literaturhinweise

Dieter Heri Mader

**Meditationen für Lichtarbeiter**

ISBN-13: 978-3-9806781-7-9

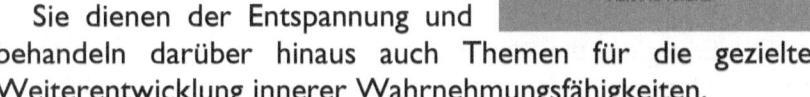

Die in diesem Buch enthaltenen Meditationstexte sind speziell für Lichtarbeiter entwickelt worden.

Sie dienen der Entspannung und behandeln darüber hinaus auch Themen für die gezielte Weiterentwicklung innerer Wahrnehmungsfähigkeiten.

Sie finden hier zahlreiche praxiserprobte Texte, die sich ganz hervorragend dazu eignen, die persönliche geistig-spirituelle Entwicklung effektiv zu unterstützen.

So erfahren Sie, wie sich „Heilende Hände" anfühlen, lernen diese einzusetzen und eine Schutzaura gegen ungewollte Energien anzulegen. Sie erhalten die Möglichkeit zum Kontakt mit einem ganz persönlichen geistigen Helfer und vieles mehr.

Durch das gezielte Heranführen an ganz bestimmte innere Bilder und Situationen wird die sanfte Transformation der eigenen Persönlichkeit wirkungsvoll unterstützt – hin zu einem liebenden und verständnisvollen Menschen.

Aurélienne Dauguet

**Reiseführer zu deinen kosmischen Energien**

**Aura-Entdeckung**

ISBN-13: 978-3-944700-02-1

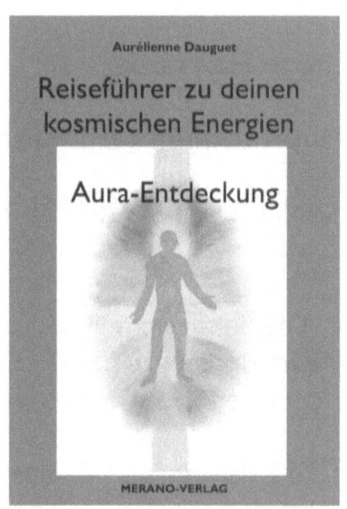

Alles was lebt, besitzt eine Aura.
Die Energien, die feinstofflichen Ausstrahlungen, wahrzunehmen, gehört zur natürlichen Begabung lebendiger Wesen. Diese wieder zu entdecken, eröffnet einen frischen, neuen Blick auf den Alltag und breite Horizonte.

Bas Buch „Reiseführer zu deinen kosmischen Energien – Aura-Entdeckung" führt den Leser auf eine Entdeckungsreise in die verschiedenen Ebenen und Dimensionen der menschlichen Aura.

Es enthält sowohl theoretische Abhandlungen über die verschiedenen Schichten der Aura, wie den Ätherkörper, den Emotionalkörper oder den Mentalkörper, sowie auch praktische Übungen zum richtigen Umgang mit der Aura.

Letztlich wird das Buch für den Leser ein Reiseführer zu sich selbst.

Dieter Heri Mader

**Geführte Meditationen**

ISBN-13: 978-3-9806781-2-4

Erfahren Sie in diesem Buch Schritt für Schritt, wie man Texte für geführte Meditationen selbst erstellen kann.

Sie finden hier zahlreiche praktische Tipps für die spirituelle Arbeit, so dass der Einstieg in die Welt der Meditation und Spiritualität sicher und ohne Risiken bewältigt werden kann.

Lernen Sie das nötige Handwerkszeug kennen und nutzen Sie es, um damit selbst kreativ Meditationstexte für alle möglichen Zwecke zu entwickeln.

Ob es um einfache Entspannungsmeditationen geht, oder auch um anspruchsvolle Themen wie zum Beispiel den ganz persönlichen spirituellen Schutz oder die Reinigung der eigenen Aura – alles wird angesprochen und mit ausführlichen Beispieltexten, die sofort anwendbar sind, verdeutlicht.

Ein praktisches kleines Buch, das überall dort vorhanden sein sollte, wo es darum geht, eigene Vorstellungen zielgerichtet in passende Meditationstexte umzusetzen.

Dieter Heri Mader

**Geisterjäger**

ISBN-13: 978-3-9806781-6-2

Dieses Buch zeigt Phänomene auf, mit denen tagtäglich Menschen konfrontiert werden, die mitten unter uns leben.

Diese trauen sich oft nicht darüber zu sprechen – aus Angst, sie könnten ausgelacht oder für verrückt erklärt werden.

Spukerscheinungen und Poltergeister sind nichts Ungewöhnliches mehr, wenn man erst einmal verstanden hat, was hinter diesen oft gruseligen Begebenheiten tatsächlich steckt.

In diesem Buch finden Sie geistig-energetische Methoden, die praxistauglich sind und einem Spuk schnell ein Ende bereiten können.

Daneben vermittelt das Buch auch, wie man mit Hilfe von Verstorbenen sogar Heilarbeit leisten kann.

Tauchen Sie ein in die Welt der Wesen und Geister und lernen Sie, mit welchen geistig-energetischen Methoden wir auch auf der Ebene zwischen den Welten helfend tätig werden können.

www.ingramcontent.com/pod-product-compliance
Lightning Source LLC
Chambersburg PA
CBHW030140170426
**43199CB00008B/138**